#진로스타그램

#진로스타그램

청년기획단 너랑 지음

1판 1쇄 2016년 5월 16일 | 1판 4쇄 2017년 11월 17일
펴낸이 조기룡 | 펴낸곳 내인생의책 | 등록번호 제10-2315호
주소 서울시 마포구 동교로12길 3, 2층
전화 (02)335-0449, 335-0445(편집) | 팩스 (02)6499-1165
전자우편 bookinmylife@naver.com | 카페 http://cafe.naver.com/thebookinmylife

ISBN 979-11-5723-270-3 (43370)

이 도서의 국립중앙도서관 출판시도서목록(CIP)은 서지정보유통지원시스템 홈페이지(http://seoji.nl.go.kr)와
국가자료공동목록시스템(http://www.nl.go.kr/kolisnet)에서 이용하실 수 있습니다.(CIP제어번호: CIP2016010711)

책값은 뒤표지에 있습니다.
잘못된 책은 구입처에서 바꾸어 드립니다.

#진로스타그램

#일류 대학 #진학을 #희망하는 #청소년들 주목! #최종 꿈이 #대기업 직원 #공무원이라면 #다시 한 번 생각해 봐!

#학벌 깡패 #5why #엄청나게 대단한 사람이 될 시간은 많아! #양념치킨이냐 프라이드 치킨이냐 #열정 같은 소리 하고 있네 #실수하면 어때 #내게 들인 학원비가 대체 얼마 #늦었다고 할 때가 가장 늦었다! 그러니 당장 시작하라! #설득은 글로 못 배워 #`절대'라는 말은 없어 #오늘은 어제보다 더 행복하겠습니다 #송곳, 언젠가는 뚫고 올라온다

♥ 대한민국 10대를 응원합니다

청년기획단 너랑 지음

내인생의책

| 여는 글 |

어디가 아파서 오셨어요?

감기에 걸려서 병원에 가 본 경험, 다들 있죠? 어떤 증상이 있는지 의사 선생님이 자세히 물어보셨을 겁니다.

"어디가 아파서 오셨어요? 열이 나나요? 목이 아파요? 가래는요? 콧물이 흘러요? 기침은 얼마나 하셨어요? 두통이 있나요?"

의사 선생님은 증상을 자세히 듣고 처방전을 작성해 주셨겠죠? 비슷한 감기 증상을 보이더라도 환자에 따라 조금씩 다른 처방이 내려지지요. 면역력, 체질, 체력에 따라 원인이 다르고 치료 방법이 다르거든요.

여러분은 지금 진로, 진학 등의 문제로 '걱정, 불안'이라는 증상에 괴로워하고 있을 거예요. 면역력이 약한 사람한테 독감이 잘 전염되듯이, 자기만의 뚜렷한 목표와 꿈이 없다면 주위의 '걱정, 불안' 증세에 금세 젖어들게 마련이지요. 하지만 불치병은 아니니 걱정하지 마세요. 여러분의 증상을 몸소 겪은 '너랑'의 멘토들이 스스로 임상 시험을 마치고 나름의 해결책을 공유하고자 하니까요!

'너랑'은 10대를 위해 다양한 행사와 멘토링 프로그램을 기획하는 청년기획단입니다. 10대 시절에 치열하게 고민하며 꿈과 진로 선택에 한바탕 홍역을 치른 20대 청년 아홉 명으로 구성되어 있어요. '너랑'은 20대 청년들만이 10대에게 들려줄 수 있는 이야기가 있다고 생각했어요. 성공한 여러 멘토의 이야기에서 자극받을 때도 있지만, 사실 이들이 주는 처방전은 따라가기 벅찰 때도 있잖아요? 무엇보다 '너랑' 멘토들은 10대를 지나온 지 얼마 되지 않아 그 시절에 했던 고민이 아직 생생해요. 그래서 청소년들의 고민에 깊이 공감하고 실질적인 해결책을 나눌 수 있지요.

'너랑'은 그동안 만 명이 넘는 청소년을 멘토링하며 놀라운 사실을 발견했어요. 청소년들이 하는 고민이 '너랑' 멘토들이 10대 때 했던 고민과 똑같다는 거예요. 진로, 친구, 연애, 성적 등 우리가 함께 나눈 이야기는 하늘의 별만큼이나 많았지요. 그래서 가까운 친구로서, 10대를 갓 지난 멘토로서 여러분에게 해 주고 싶은 이야기를 모아 이 책을 펴냅니다.

먼저 아홉 명의 멘토가 저마다 키워드를 하나씩 내걸고 자신의 이야기를 풀어 놓았어요. '목표, 질문, 선택, 실수, 도전, 경험, 연결, 열정, 설득'이라는 아홉 가지 주제로 아홉 빛깔의 전혀 다른 이야기가 펼쳐져요. 하지만 모두 하나의 이야기로 수렴되기도 하지요. 주체적으로 자신의 미래를 디자인해 가는 삶이 얼마나 행복한지에 대해서 말이에요.

환자마다 필요한 처방이 다르듯, 성격, 자라 온 환경, 경험에 따라 자신에게 맞는 멘토의 이야기가 필요해요. 나와 비슷한 증상을 한 걸음 앞서 겪은 멘토의 이야기에 내 성격과 환경, 경험을 대입하며 읽으면 좋은 처방전을 받을 수 있을 거예요. 그래서 이 책은 여러분의 적극적인 읽기와 참여가 필요하지요.

아홉 명의 멘토 중 여러분에게 필요한 키워드를 내건 멘토를 주치의라고 생각하고 상담하듯이 책을 읽어 보세요. 여러분의 고민을 다 해결해 주지는 못할지라도, 여러분들이 겪고 있는 증상이 앞으로 어떻게 하면 완화되는지 '방향'을 제시해 줄 테니까요.

여러분이 선택한 그 방향이 무엇이든, '너랑'은 여러분이 스스로 내린 그 선택을 응원합니다.

자, 그럼 지금부터 '너랑'의 아홉 명의 멘토를 직접 만나 보세요.

너랑 대표
김정한

| 차례 |

어떤 고민이 있나요? 자신에게 맞는 멘토를 팔로잉하세요!

검색

♥ 여는 글 + 4p

#1 목표는 나를 만든다
김지수 멘토
'좋은 목표'를 알아보고 평생 사랑에 빠지는 방법!
서울대학교 정치학 | 너랑 운영팀장
+ 팔로우 11p

#2 인생을 바꾸는 질문의 힘!
백승우 멘토
질문 속에 답 있다! 가출생, 삼수생 환영!
서강대학교 사학과 · 경영학과 | 너랑 대외협력팀장
+ 팔로우 33p

#3 선택은 남이 아닌 내가!
김정한 멘토
우리 인생에 '양념 반 프라이드 반'은 없다!
후회 없는 선택의 비법 대공개!
서강대학교 신문방송학과 | 너랑 대표
+ 팔로우 55p

#4 나의 만 가지 실수
최은혁 멘토
꼭 외향적이어야 하나? 내향적인 성격의 필살기, 실수!
건국대학교 경영학과 | 너랑 제작팀장
+ 팔로우 83p

#5 마음속 씨앗을 싹 틔우는 도전

이정욱 멘토

불가능하다고 고개 젓는 사람들을
무색하게 만드는 최강 무한 도전!

홍익대학교 국어국문학과 · 서강대학교 신문방송학과
종이비행기 국가 대표 | **너랑 스포츠문화팀장**

+ 팔로우 109p

#6 경험으로 그리는 나만의 지도

장세리 멘토

몸으로 부딪쳐 내일의 꿈을 예보하는 경험 만석꾼!

상명대학교 행정학과 | **너랑 경영지원팀장**

+ 팔로우 133p

#7 인생은 1악장부터 4악장까지 연결된 교향곡

박다현 멘토

서로 무관해 보이던 일들이 리듬을 타고 멜로디로 연결되어
나만의 인생 교향곡이 되는 신기한 현상!

한양대학교 작곡과 | **너랑 미디어운영팀장**

+ 팔로우 153p

#8 열정에 관한 짧은 이야기

하수빈 멘토

내 열정을 어디에, 어떻게 쏟아야 할지 모르겠다면
바로 이렇게!

서강대학교 신문방송학과 | **너랑 홍보팀장**

+ 팔로우 173p

#9 내 행복을 지키는 설득의 기술

송주영 멘토

부모님이든 선생님이든 '적'이 아닌 '내 편으로' 만드는 비법!

건국대학교 미디어커뮤니케이션학과 | **너랑 기획팀장**

+ 팔로우 197p

우리는 이것이 궁금하다 + 227p

♥ 닫는 글 + 246p

목표는
나를 만든다

김지수

김 지 수 멘토

민족사관고등학교 졸업
서울대학교 정치학
너랑 운영팀장

어느 날 돌아보니 나는 학벌 깡패가 되어 있었다. 학벌로는 어디 가도 꿀리지 않는다는 뜻이다. 명문 자율형 사립 고등학교로 알려진 민족사관고등학교를 졸업한 뒤 서울대학교에서 정치학을 전공했으니 이쯤 되면 "왕년에 공부깨나 했군." 소리는 단골로 듣는다. 이런 말을 듣는 나는 "암요, 공부가 가장 쉬웠어요!"라며 목에 힘이 들어갈까? 전혀 아니다. 오히려 중고등학생이 부러움이 담긴 동경 어린 눈빛을 보낼 때 과분한 옷을 입은 듯 마음이 불편하다. 사람들은 나를 포장하는 스펙에 찬사를 보내며 서울대생이니 어떠하리라는 선입견을 가진다. 그 모습이 내가 맞는지 나도 모르겠는데 말이다. 그래서 이번 기회에 나를 포장한 것의 실체를 얘기해 보려고 한다.

13

목표는 나를 만든다

김 지 수

나를 움직이게 한 알 수 없는 힘

“김지수 학생은 일반 고등학교에 다니는 학생보다 특혜를 받았지 싶은데, 어떻게 생각하나요?”

대학교 입시 면접에서 받은 질문이다. 특혜 얘기가 나올 만도 한 것이, 내 고등학교 생활기록부에는 민족사관고등학교 학생이었기에 가능했을 법한 활동으로 가득했다. 다른 고등학생이 수능 공부에 매진할 때 나는 수능과 관련 없는 여러 대회에 나가 수상했고, 대학교나 연구 기관 실험실에 가서 연구를 진행했다. 과연 ‘민사고 학생’이 아니었어도 교수님이나 연구원께서 그런 좋은 기회를 주셨을지 장담은 못 하겠다.

당시에 나는 면접관 입에서 ‘특혜’라는 단어가 나온 것 자체에 화가 났다. 생활기록부에 적힌 모든 것은 전적으로 내 노력에 따른 결과였다. 특혜를 받았다고 하려면, 스스로 쏟아부은 노력이나 능력이 아닌 '다른 것'에 의해 좋은 것이 주어져야 하는 것 아닌가! '노력'으로 말할 것 같으면, 나는 누구에게도 뒤지지 않는 자타 공인 '노력형' 학생이었다. 누구보다도 노력했다고 자부하는 중학교 생활을 했고, 그 결과로 민사고에 들어갔다. 고등학교에 진학해서도 내 노력은 지칠 줄 모르고 이어졌다. 그런 나에게 어떻게 특혜 얘기를 꺼낼 수가 있는가. 대체 어떤 부분에서, 어떤 특혜를 받았다는 말인가. 한 번도 생각조차 해 본 적 없는 질문이었다.

나는 당황스러운 마음으로 이렇게 대꾸했다.

"그건 선택의 문제였지, 제가 특혜받은 건 아닙니다. 선택의 기회는 모두에게 있었습니다. 저는 민사고를 선택한 것이고, 그 안에서 제가 할 수 있는 일을 최대한 했을 뿐입니다."

만약 같은 질문을 또 받는다면 이번에는 당황하지 않겠다. 그때 내가 했던 오만한 대답도 하지 않겠다. 나는 실로 엄청난 특혜를 받아 왔기 때문이다. 내 노력이나 능력으로 설명되지 않는 '무엇'에 의해 좋은 것이 주어졌다. 그 '무엇'을 정확히 설명하기는 어렵다. 행운의 여신이 있다면 나는 그분의 점지를 받은 것이고, 부모님의 교육관이나 환경 덕이라면 그 덕택이다.

좋은 환경에 놓이면 모두 좋은 결과에 이르기 마련이라는 반박은

하지 말자. 환경, 상황, 경험, 우연 등 모든 운대가 묘하게 맞아떨어져 '알 수 없는 힘'이 발생했고, 그 힘이 나를 노력하게 했고, 잘하게 했다. '알 수 없는 힘'은 다른 사람이 아닌 나를 위해 작동해 주었고, 나는 그저 그 힘에 따라 움직였을 뿐이다. 모든 것이 여기서부터 시작되었는데, 어찌 특혜가 아닐 수 있을까? 그 힘이 없었더라면 나는 지금까지 이루어 낸 일들을 해내지 못했을지도 모른다.

얼마 전, 테드 강연 한 편을 보고 감명받았다. 미국의 베스트셀러 작가인 엘리자베스 길버트가 '창의적인 천재성'을 주제로 강연하는 20분짜리 영상이었다. 작가는 남보다 뛰어나고 똑똑하고 재능 있는 개인을 '천재'라고 하는 오늘날과는 달리, 과거에는 외부에 존재하는 어떤 신성한 혼이 예술가를 돕는다고 믿었다고 한다. 이 혼을 고대 로마에서는 지니어스(genius) 즉 '천재성'이라 일컬었다. 천재성이 특정 개인이 지닌 것이 아니라 외부에서 찾아온다는 믿음은 예술가를 대작 앞에서 자기도취에 빠지거나 졸작 앞에서 자신을 갉아먹지 않도록 보호했다. 이런 외부의 힘은 현대 예술가한테도 예외는 아니어서, 미국의 한 저명한 시인도 작가에게 이와 비슷한 경험을 털어놓았다고 한다. 밭에서 일하는데 시가 오는 것을 느껴 재빨리 집으로 뛰어 들어가 시를 움켜쥐었다고 말이다. 자신이 할 일은 시를 받아 적는 것뿐이었다고. 작가는 이러한 예를 들며 천재적인 작품을 만들었다고 자만하지 말고, 졸작을 만들었다고 낙심하지 말라고 한다. 애초에 '천재성'이란 외부에서 잠시 대여한 것일 뿐이라고 말이다.

엘리자베스 길버트가 말한 '창조적인 천재성과의 조우'를 내가 경험했다고 감히 말하진 못하겠다. 그러나 '천재성'이 비단 예술 영역 또는 창의성이 발휘되는 영역에만 국한된다고 생각하지 않는다. 분명한 것은 내가 '나'라는 존재에서 나오는 것 이상의, 외부에서 오는 '알 수 없는 힘'을 경험했다는 점이다.

막상 외부 힘에 따라 일사불란하게 움직이던 당시에는 난 아무것도 몰랐다. 굳이 생각할 기회가 없었다는 말이 맞겠다. 무엇이든 별다른 문제가 없을 때는 의식하지 못하는 법이다. 어느 날 요리하다가 도마를 떨어뜨려 왼발 네 번째 발가락뼈가 부러진 적이 있다. 발가락 끝부분을 살짝 다친 정도라, 몇 주간 부목만 대고 지내면 그만이었다. 그런데도 발가락 하나하나에 어찌나 신경이 쓰이던지, 태어나서 그 몇 주만큼 발가락을 의식해 본 적이 없다. 그 전까지는 발에 발가락이 다섯 개씩 달렸는지도 신경 쓰지 않았는데 말이다. 뭐든 문제가 생겨야 새삼스럽게 돌아보게 되는 모양이다.

대학교에 진학하고도 몇 년이나 지난 뒤, 나는 자신을 황급히 돌아보기 시작했다. 나를 움직여 주던 '알 수 없는 힘'에 심각한 문제가 발생한 것이다. 사실 그 전에도 어딘지 이전 같지 않음을 느끼기는 했다. 고등학교 때 쓴 일기를 보면, '내가 왜 이렇게 나태해졌는지 모르겠다. 이전의 독한 내가 되어야 한다.'는 내용이 하루가 멀다 하고 등장한다. 하지만 비상벨이 울리기 전까지, 어째서 그때는 독하게 살면서도 행복할 수 있었는지 아무런 의문이 들지 않았다.

목표 그리고 독종 김지수

중학교 시절 내내 나는 엄청난 동기 부여를 받은 상태였다. '민족사관고등학교 학생이 되고 싶다.'는 목표 덕분이었다. 민사고는 초등학교 고학년 때 처음 들었다. 어머니가 간식을 챙겨 주시며, 민사고에 입학했다는 어머니의 친구 아들 이야기를 들려주셨다(그렇다. 모든 문제는 엄마 친구 아들, 이른바 '엄친아'로부터 시작된다). 어머니가 들려주신 민사고 생활은 멋져 보였다. 당시만 해도 민사고는 한 학년이 30명쯤이었다. 한복을 교복으로 입고, 한옥에서 영어로 공부하는 학교라고 했다. 전원이 기숙사 생활을 하며, 호텔식 밥을 먹는다고 했다. 어린 마음에, 하나하나 모두 부러웠다(물론 내가 입학할 즈음에는 많은 것이 좋게도, 나쁘게도 변했다. 일단 정원부터 한 기수에 150명쯤으로 늘었다).

중학생이 되어서는 본격적으로 어떤 고등학교에 가면 좋을지를 고민했다. 아무래도 민사고를 향한 막연한 동경이 있다 보니, 가장 먼저 《공부 9단, 오기 10단》이라는 책을 샀다. 민사고 지방생이라면 누구나 한 번씩 보는 고전과도 같은 책이다. 민사고를 졸업하고 하버드, 프린스턴, 스탠퍼드, 코넬 등 미국 명문 대학 열 곳에 합격한 저자가 공부 비법을 밝힌 책인데, 민사고 생활이 어떤지도 상세히 담겨 있어 관심이 갔다. 책을 덮을 즈음, 나는 관심을 넘어 민사고에 가야겠다고 마음먹었다.

아니다. 마음먹은 정도가 아니었다. 나는 사랑에 빠져 버렸다. 인터넷에 나오는 민사고 로고, 민사고 건물 사진, 민사고 교복을 입은 학생 사진을 인쇄해서 온 사방에 붙였다. 책상에도, 휴대 전화에도, 다이어리에도 붙였다. 처음부터 민사고에 가고 싶은 마음에 붙인 사진인데, 그 사진은 민사고에 가고 싶다는 열망에 더욱더 불을 지폈다. 눈길이 닿는 곳에 온통 민사고 사진뿐이었으니 한시도 민사고를 떠올리지 않을 수 없었다. 내 목표는 누가 뭐래도 '민사고 입학'이었다.

그때부터였다. '알 수 없는 힘'이 작동하며 나를 움직여 주기 시작한 때는. 나는 자신에게 떳떳할 만큼 열심히 공부했다. 당시 친구들이 '김지수 근성'이라는 말을 만들어 쓸 정도로, 나는 누가 보나 끈기 있고 독한 사람이었다. 중학교 2학년 때였다. 기말고사를 앞둔 때라 어김없이 새벽까지 공부를 계속했다. 가족은 모두 잠든 뒤였다. 피곤하기도 하고 공부도 꽤 한 것 같아 잠깐 쉬려고 침대에 누웠다. 일 분쯤 흘렀을까, 문득 '내가 이럴 때가 아니지.'란 생각이 들었다. 그 새벽, 나는 침대에서 벌떡 일어나 공부를 더 하고 나서야 잠이 들었다.

시험 기간이 아닐 때도 공부하는 시간이 괴롭지 않았다. 진실로 즐거웠다. 나는 주로 집에서 공부했다. 날마다 새벽까지 공부하다가 잠들기 전 창밖으로 빛나는 한강 다리와 자동차 불빛을 바라보노라면, 묘하게 설레었다. 하루를 남김없이 가득 채울 수 있어서 그리고 목표에 한 걸음 다가갔다는 느낌이 들어서 행복했다. 어른이 된 지금도, 어떻게 중학생짜리가 그렇게 독하게 공부했을까 싶다. '알 수 없는 힘'이 나를 움직여 주지 않았더라면 불가능했을 거라고 확신한다.

내 사랑 '목표'는 어디에

독종 김지수는 원하는 바를 이뤘다. 민사고에 입학하고야 말았다. 나는 독종이니까, 민사고뿐만 아니라 그 뒤로도 무엇이든 쭉쭉 잘해 나가리라 생각했다. 하지만 아니었다. 민사고에 입학한 뒤부터 나는 기나긴 방황을 시작했다. '민사고 입학'이라는 목표를 이룬 뒤 내 목표는 사라졌다. 더는 이루고자 하는 목표가 없었다. 특정 대학교나 학과를 목표로 삼고 싶었는데, 고등학교 기간 내내 지망 학과가 바뀌었다. '민사고'만큼 내가 사랑에 빠질 만한 목표가 좀처럼 생기지 않았다.

고등학교 1학년 때는 해외 대학 진학반에 갔다. 해외 대학 어디에도 딱히 매혹되지 않아 한 학기 만에 국내 대학 진학으로 마음을 바꿨다. 2학년 때까지 문과 반이었다가 도무지 가고 싶은 학과가 없어서, 심지어 가도 괜찮을 듯한 학과조차 없어서, 3학년 때 이과 반으로 전과했다. 문장 몇 개로 요약되는 이 기간에 나는 수백 개의 문장으로도 표현 못 할 만큼 힘들어했다. 끝도 없이 힘들기만 할 뿐, 뚜렷한 목표는 생기지 않았다. 그저 남들 하는 만큼은 해야겠다는 마음으로 꾸역꾸역 공부했다.

나는 서울대학교 수의예과에 입학했다. '서울대'라는 타이틀은 얻었지만 내가 진정으로 목표해서 얻은 결과는 아니었다. 입시 기간 내내, 나는 '아무 과나 가도 되니, 제발 끝나기만 해라.' 하는 마음뿐이었다. 원서도 수의대, 의대, 공대 등 광범위한 분야에 걸친 학과에 씨 뿌리듯 써서 냈다. 그중 어느 하나 내가 진짜 바라는 과는 없었다. 그저 꼬마 때부터 동물을 좋아한 건 확실하니, 동물과 함께하는 직업이라면 그럭저럭 괜찮겠다는 생각으로 수의대에 원서를 쓴 정도랄까.

수의대의 현실은 내 생각과 많이 달랐다. 동물 한 마리를 살리기 전에, 살아 있는 동물을 죽이고 칼을 대야 했다. 동물 병원에 온 환자견, 환자묘들을 위해 공혈견, 공혈묘들의 피를 계속해서 뽑아야 했다. 수의대를 졸업한 뒤에 동물 수만 마리를 살린다 하더라도, 지금 실험대에서 내가 죽여야 하는 동물에게 영원히 용서받지 못할 것만 같았다. 수의대에서 하는 일의 옳고 그름을 따지려는 게 아니다. 다만 내 손으로는 절대 하지 못할 일이었다. 결국 두세 명씩 짝을 이룬 조마다 쥐 한 마리씩, 총 열 마리가 눈앞에서 죽어 나가던 날, 나는 학교를 자퇴하겠다고 부모님께 선언했다. 부모님은 반쯤 농담이라고 생각하셨는지, 그렇다고 자퇴하면 되겠느냐고 웃어넘기셨다. 하지만 진심으로 학교에 다닐 이유가 없었다. 아무것도 배우고 있지 않았다. 천성이 모범생이었지만, 나는 그날 이후 무단결석을 일삼았다. 어차피 수업에 들어간들 아무것도 하지 않았다. 날마다, 그야말로 의미 있는 어떤 활동도 하지 않았다. 그나마 서울대는 전과가 비교적 쉽다는 사실을 알고, '무슨 일이 있어도 수의대를 벗어나야겠다.'는 생각만으로 학교에 다녔다.

다행히 대학교 2학년을 마치고 정치외교학부 정치학 전공으로 전과에 성공했다. 하지만 말 그대로 만신창이였다. 정치학으로 바꾼 것도 정치학에 뜻이 있어서는 아니었다. 수의대를 나와야겠다는 마음이 워낙 강했고, 어쩌다 들은 정치학 수업이 재미있어서 전과 지원을 했을 뿐이었다. 전과한 뒤에도 뚜렷한 목표 없는 방황은 계속되었다.

고등학교에 진학한 뒤 이렇다 할 목표가 없던 나는 기회가 닿는 곳이라면 어디든 별수 없이 가야 했다. 그 결과 문과로, 이과로, 수의대로, 정치외교학부로 전전긍긍하며 떠돌았다. 그리고 비상벨은 울렸다. 이와 같은 우여곡절은 다시는 겪고 싶지 않았다. 비상벨이 울리고 나서야 나를 움직여 주던 '알 수 없는 힘'도, 그 어떤 목표도 내 옆에 없다는 것을 스스로 인정했다. 이전처럼 열심히 살지도 못했을 뿐만 아니라, 어쩔 수 없이 꾸역꾸역 노력하는 삶이 털끝만큼도 행복하지 않았다. 주어진 일만 최소한으로 해내며, 독함이라고는 눈곱만큼도 찾아볼 수 없는 나태한 김지수가 되었다. 어느 순간부터는 한 걸음도 나아가지 못한 채 도망만 다니기 바빴다.

이 모든 일을 겪고 나서야 나는 독기며 끈기며 추진력이 내 안에서 나오는 것이 아니라, 외부의 '알 수 없는 힘'이 내게 주고 있던 것임을 깨달았다. 또 '알 수 없는 힘'이란 목표를 정확히 그리고 소중히 품은 사람에게 찾아온다는 사실도 절감했다. 적어도 아무 목표도 갖지 않은 사람에게는 절대 오지 않는다.

좋은 목표란? 마음이 내는 소리를 듣는 것

다시 목표를 찾고 싶었다. 중학교 2학년 김지수를 침대에서 벌떡 일어나게 하던, 그러면서도 행복하고 진취적으로 만들던 그 '알 수 없는 힘'을 다시 불러오고 싶었다. 다만 이번에는 목표가 이전과는 다른 모습이기를 바랐다. 매 순간 떠올리던 목표를 이룬 뒤, 더는 목표가 '목표'가 아니게 되었을 때 오는 상실감을 맛보았기 때문이다. 다음 목표는 평생토록 사라지지 않을 '좋은' 것이기를 바랐다. 여러 생각 끝에 내 나름대로 '좋은 목표'란 무엇인지 정의를 내렸다. 좋은 목표란, 내 마음에 쏙 드는 일을 '평생' 동안 이뤄 가는 것이다. '평생'이란 '날마다' 이뤄 간다는 뜻이기도 하다. 한마디로 내가 좋아서 날마다 이룰 수 있고 평생토록 이뤄 갈 수 있다면 좋은 목표다.

강연과 멘토링 활동을 하며 만난 10대 친구들에게 이 질문은 꼭 던진다. '목표' 또는 '꿈'이 있느냐고. 안타깝게도 꿈이나 목표가 있다고 번쩍 손드는 친구는 극소수다. 더구나 친구들 앞에 나와 발표하는 친구는 가물에 콩 나듯, 어쩌다 한두 명뿐이다. 한번은 자기 목표를 '의사'라고 자신 있게 발표한 중학생이 있었다. 나는 친구에게 왜 의사가 되고 싶은지 물었다. 친구는 망설임 없이 대답했다.

"아픈 사람을 도와주고 싶어요."

나는 그 친구에게 "그렇다면 '아픈 사람을 돕는 것'을 목표로 삼으면 어떻겠니?"라고 얘기해 주었다. 그러면 아픈 사람을 돕기 위해 택할 수 있는 여러 직업 가운데 하나가 '의사'가 될 거라고 말이다.

뚜렷한 목표가 있다는 것 자체가 대단한 일이긴 하다. 하지만 '의사'가 '좋은 목표'는 아니다. 나는 민사고에 가서 무엇을 하겠노라는 포부도 없이 '민사고'라는 간판을 목표로 삼았다. 그래서 '민사고 입학'이라는 목표를 이룬 뒤에 나의 목표는 물거품처럼 사라졌다. 자신이 진정으로 무엇을 이루고 싶기에 의사가 되고자 하는지를 고민해야 한다. 그저 '의사'라는 목표는 의사 국가 고시에 합격한 뒤에 사라질 목표다. 한편, '아픈 사람을 돕는다.'는 목표는 평생 사라지지 않을 '좋은 목표'다. 만약 단 하루만 아픈 사람을 돕는다면 '아픈 사람을 돕는다.'는 목표를 완전히 성취했다고 보기 어렵다. 목표를 성취한 하루하루를 쌓고 쌓아 평생에 걸쳐 이루어 내고 싶은 목표가 좋은 목표다.

'좋은 목표'를 찾고 싶었던 나의 얘기로 돌아오자. 목표를 갖고 싶은 마음은 굴뚝같았다. 하지만 마음에 불을 지필 목표를 찾기란 쉽지 않았다. 목표를 찾는 과정에서 '마음이 내는 소리'를 듣기가 가장 어려웠다. 자기 마음이 진정으로 원하는 것을 모르고서는 '알 수 없는 힘'을 불러일으킬 만한 '좋은 목표'를 만들 수 없다.

우리나라에서 공부 잘하는 아이치고 어른의 귀여움을 받지 않는 경우는 없다. 늘 칭찬만 받던 나는 주위의 칭찬이 사라지는 것을 극도로 두려워했다. 그러다 보니 번번이 주위 시선을 의식한 채, 주위의 기대치에 부응하는 목표에 눈길을 돌렸다. 주위에서 좋다고 하는 것 중에 내게도 그럴싸해 보이는 것을 대충 목표로 삼았다. 하지만 이렇게 세운 목표는 '알 수 없는 힘'이 작동하게끔 하는 데에 턱없이 부족하다. 게다가 머지않아 '내가 진짜 바라는 것이 맞기는 했나?' 하는 회의감을 불러온다. 참 당연하지 않은가. 취향도, 취미도, 입맛도, 특기도 다 다른 사람들이 몇 개의 뻔한 길에 몰려들어서는, 저마다 의미를 찾고 행복할 수 없음은 불 보듯 훤하다.

'마음이 내는 소리'를 듣기 위해 나를 사회적으로 감싸고 있는 수많은 것들에 신경을 껐다. 이를테면, '민사고 졸업생이면 으레 이 정도는 해야지.' '서울대를 나왔으면 이 정도는 벌어야 하지 않아?' 하는 주변의 시선을 의식하지 않으려고 노력했다. 그러한 시선에 휘둘리다 보면, 정작 세상에서 가장 중요한 '마음이 내는 소리'가 보잘것없이 느껴지기 때문이다. 한 번뿐인 인생, 내가 진정으로 바라는 것이 뭔지도 모른 채, 혹은 알면서도 모른 체하면서 주변만 의식하며 살아가기란 한없이 비참하지 않은가.

'마음이 내는 소리'에 따라 살아야 하는 이유, 그러니까 마음이 진정으로 바라는 바를 목표로 삼아야 하는 이유는 이렇다. 무엇이든 성공하고 성취하기 위해서는 엄청난 정도의 꾸준한 노력을 가능케 하는 '알 수 없는 힘'이 필요하다. 그런데 진정 바라는 바가 아닌 것을 마지못해 목표로 정해 두면 '알 수 없는 힘'은 작동하지 않고, 그 힘 없이는 목표 성취에 필요한 만큼의 노력을 도무지 들일 수 없다. 어떤 고등학교나 대학교, 특정 직장을 목표로 하는 정도에서 필요한 수준의 노력을 말하는 게 아니다. 평생에 걸쳐 이루고 싶은, 포부어린 목표와 그에 필요한 엄청난 노력에 대한 이야기다.

대학교 3학년 때, 학자의 길을 걷겠다고 일찌감치 마음먹은 친구가 있었다. 나를 비롯한 친구들이 막연히 진로를 고민하던 시기였다. 그 친구는 관심 가는 분야마다 학회에 참가하며 여러 교수님과 관계를 맺고, 석사와 박사를 대상으로 한 수업까지 들으며 차근차근 자기 분야를 좁혀 나갔다. 친구는 언제고 산더미처럼 쌓인 논문이며 책 같은 읽을거리에 폭 파묻혀 있었다. 일과만 봐도 공부에 치이고 있어야 하는 친구였다. 하지만 친구는 늘 얼굴에서 빛이 났고, 확신에 차 있고, 행복해 보였다. 이미 자기만의 길을 걸어가는 친구가 신기하고 부러웠다. 한번은 친구에게 물어봤다.

"교수가 된다면 정말 좋겠지만, 요즘 세상에 교수가 바로 될 거라는 보장이 없잖아. 교수가 되기까지 10년이 걸릴지 20년이 걸릴지 모르는 세월 동안 그야말로 인내의 연속일 텐데, 너는 어떻게 그렇게 확고하게 대학원에 가겠다고 결심했어? 그것도 이렇게 빨리?"

친구는 한 치도 머뭇거리지 않고 대답했다.

"너는 교수가 되기까지 인내하는 과정이라고 표현했지만, 나는 인내라고 생각한 적 없어. 어차피 평생에 걸쳐 '내 공부'를 할 거고, 학부생이니 박사생이니 교수니 하는 것은 자리 이름에 불과해. 시간이 지나가면서 내 이름에 붙는 호칭이 바뀔 뿐이지. 내가 하고 싶은 공부를 한다는 것에는 변함없는데 그게 어째서 인내야?"

그렇다. 내 친구는 교수가 되는 것 자체를 목표로 삼지 않았다. 그랬기 때문에 교수가 되기까지의 과정은 '인내의 시간'이 아니라 '내가 하고 싶은 일을 하는 시간'이었다. 자기 마음이 진정으로 바라는 것이 '하고 싶은 공부를 한다.'는 것임을 확신했기 때문이다.

내 마음이 내는 소리는 무엇일까. 물린 얘기일지 모르겠지만, 내가 늘 좋아하던 게 무엇이었는지를 고민했다. 당연한 순서다. 성인이 되면 대개 하루 9시간 이상을 일하며 보낸다. 하루의 대부분을 좋아하지도 않는 일을 하며 혹사당하고, 인생의 낙이라고는 집에 와서 예능 프로그램이나 드라마를 보는 1시간뿐인 인생, 그보다 비극적인 일이 있겠는가. 일하면서도 행복할 수 있는, 그런 일을 찾아야만 인생을 허비하지 않고 보낼 수 있겠다는 생각이 들었다.

물론 행복한 일을 하기 위해서는, 또는 행복한 일을 하는 과정 중에서는, 귀찮고 재미없는 일도 해야만 하는 경우가 많다. 하지만 그렇다 하더라도, 행복한 일을 하는 사람과 행복하지 않은 일을 하는 사람은 삶의 질이 완전히 다르지 않을까?

'알 수 없는 힘'에 끌려다닐 행복한 김지수로!

돌이켜 보니, 나는 늘 글을 쓰고 그림을 그리며 나를 종이에 표현하는 일을 좋아했다. 초등학생 때 숙제로 처음 일기를 쓰기 시작한 뒤로 밤이면 밤마다 일기를 썼다. 일기 쓰기 숙제가 없어진 뒤로도 마찬가지였다. 내 보물 1호는 책장에서 가장 잘 보이는 곳에 빼곡히 꽂혀 있는 일기장이다. 하루 동안 겪은 일이나 떠오른 생각을 종이에 적는 시간은 내게 치유의 시간이었다. 그림 그리기도 좋아해서, 내 이름이 적힌 책이나 공책에는 늘 이런저런 그림 낙서로 가득했다. 그뿐이 아니었다. 내가 쓴 글이나 그린 그림을 보고 누군가 공감하고 즐거워할 때 나는 아이같이 순수한 마음으로 행복해했다.

중학생 때 민사고 사진을 다이어리에 붙여 놓았듯, 지금 내 다이어리 맨 앞 장에는 새롭게 정한 목표가 적혀 있다. 바로 '글과 그림으로 사람들을 행복하게 하기'다. 평생토록 사라지지 않을 '좋은 목표'다. 글쓰기를 좋아한다는 이유로 '베스트셀러 작가'를 목표로 삼는다면, 그 목표는 베스트셀러 작가가 되는 순간 사라질 것이다. 물론 베스트셀러 작가가 된 것이 계속해서 더 좋은 글을 쓰고 싶은 동력으로 이어질 수 있다. 하지만 베스트셀러를 탄생시킨 뒤 그만큼의 작품을 다시는 쓰지 못한다면 어떻겠는가? 글쓰기를 좋아하는 사람에게 본질적인 목표는 '베스트셀러를 쓰기'가 아니라 '좋아하는 글쓰기를 평생토록 하기'여야 할 것이다.

그래서 나는 이제 특정 직업, 특정 간판을 목표로 삼지 않는다. 내가 하루하루 글을 쓰고 그림을 그리며 느낀 행복감이, 내 글을 읽고 그림을 보는 다른 사람에게도 전달되면 좋겠다. 행복한 일을 하는 사람에게만 주어지는 특유의 힘을 다른 사람도 느끼면 좋겠고, 덩달아 자신도 행복한 일을 하고 싶다는 생각을 하길 바란다.

요즘 나는 날마다 목표를 이루며 산다. 하루도 빠짐없이 글을 쓰고 그림을 그린다. 아침마다 눈을 떴을 때 '오늘 하루는 어떻게 이겨 낼까?'가 아니라 '오늘은 어떤 걸 그리고 쓸까?' 하는 생각을 할 수 있어서 행복하다. 다만 행복한 일을 평생 하면서 경제적인 문제까지 해결해 나아가는 것이 숙제이기는 하다. 좋아하는 일이 반드시 경제적인 부와 직결된다고 할 수는 없지만, 또 그러지 말라는 법도 없다. 또 좋아하는 일을 하느라 경제적인 부분에 시달릴 수도 있지만 그렇다고 행복하지 말라는 법도 없다. 적어도 한창 꿈꿀 나이인 우리가 경제적인 문제를 기준으로 꿈을 정한다거나 꿈을 포기하는 일은 없었으면 한다.

구체적인 목표를 찾은 뒤, 좀처럼 집중할 수 없었던, 독해지지 못했던, 행복할 수 없었던 지난 몇 년 동안의 내 모습은 완전히 사라졌다. '알 수 없는 힘'에 기꺼이 이끌려 다닐 나로 돌아간다면, 어떤 것도 가능하리라 굳게 믿는다.

나를 행복하게 만드는 목표

당장 공부를 잘해도 좋고, 칭찬받아도 좋은 일이다. 하지만 무엇 때문에 공부를 잘하고 있고, 무엇 때문에 칭찬받고 있는지 한 번쯤은 진지하게 생각해 보면 좋겠다. 또 진정으로 자기를 움직이는 것을 좋은 목표로 삼고, 그것에 의해서만 움직이면 좋겠다. 내 마음이 내는 소리를 듣고 목표를 설정했다면, 분명 움직이려 하지 않아도 '알 수 없는 힘'이 먼저 작동을 시작하여 나를 자극할 것이다.

지금의 나를 만든 것은 목표였고, 앞으로도 목표가 나를 만들 것이다. 민사고 졸업생, 서울대 출신 같은 이력은, 학벌과 전혀 관련 없는 목표를 이뤄 가는 과정에서 얻은 포장지에 불과하다. 이것이 내 포장지만을 부러워하는 중고등학생들의 시선이 부담스러운 이유다. 나를 행복하게 만드는 것은 절대 그 포장지가 아니라 나라는 사람이 품은 '목표'라고 분명히 말하고 싶다.

이 글을 읽는 친구들을 빛나게, 행복하게 만들어 줄 것도 각자의 마음속에서 우러나오는 진정한 목표다. 좋은 목표를 품어 보자. 경험해 보지 못했던 멋진 일이 일어날 것이다.

손 번쩍!

질문 있어요!

Q 김지수 멘토님은 대학교에 들어간 뒤에 글을 쓰고 그림을 그리고 싶다는 꿈을 세우셨어요. 만약 그런 바람을 고등학생 때 알았더라면 관련 학과로 지원했을까요?

A 글쓰기와 그림에는 '소재'가 필요해요. 글이나 그림으로 나타내고 싶은 무언가가 있어야 하지요. 물론 문예창작이나 미술 관련 학과에 들어가 집중적으로 역량을 기르는 길을 택할 수도 있을 거예요. 하지만 제 경우는 당시에 글쓰기와 그림에 필요한 '소재'에 큰 관심을 가졌어요. 대학교 2학년 때 전과를 결심한 정치학과에서는 사람의 본성, 관계, 개인과 사회의 목적 등에 관해 본질적인 고민을 해요. 제게 굉장한 지적 자극을 주었고, 그러한 자극을 바탕으로 지금의 꿈을 세울 수 있었어요. 글과 그림에 대한 열정이 정치학을 공부하면서 생겨난 셈이지요. 그래서 고등학생 때 저에 대해 더 잘 알았더라면 애초부터 수의예과가 아니라 정치학을 선택했을 것 같아요. 그다음에 글을 쓰고 그림을 그리고 싶은 열정에 눈을 뜨는 순서로 이어졌겠지요.

Q 거창한 목표를 세우고 나니, 현실성이 떨어지는 것 같아요.

A 거창한 목표를 세우셨다니, 축하드려요! 이제 목표를 반영한 현실을 살기만 하면 될 거예요. 물론 어려운 일이지만, 작은 팁을 드릴게요.

혹시 일본의 유명한 야구 선수인 오타니 쇼헤이의 계획표를 본 적 있나요? 오타니 쇼헤이 선수는 '만다라트 기법'을 활용했어요. 만다라트 기법은 현실감이 떨어질 정도로 거창한 목표를 한가운데에 써요. 그리고 그 주위로 세부 목표 여덟 가지를 적어요. 오타니 쇼헤이 선수는 거창한 최종 목표를 '8구단 드래프트 1순위'로 정했어요. 이를 이루기 위한 세부 목표로, 몸만들기, 멘탈, 운, 변화구, 인간성 들을 정했고요. 또 여덟 개의 세부 목표마다 구체적인 계획 여덟 개를 또 세웠어요. 목표마다 세부 목표를 자세히 세워 나가니, 갈수록 일상에서 곧바로 적용되는 목표가 나오게 되지요. 이를테면 변화구를 잘 던지기 위해서 '거리를 이미지한다.' '직구와 같은 자세로 던진다.'처럼 말이에요. 이러한 세부 목표들을 날마다 이루기 위해 구체적인 계획을 세운다면 현실감을 살릴 수 있을 거예요.

Q 도중에 목표를 잃지 않을 특별한 방법이 있나요?

A 목표를 지속적으로 떠올리도록 하는 게 좋아요. 아무리 간절한 목표라도 마음먹었을 때 당시의 마음을 그대로 유지하기란 쉽지 않은 일이에요. 그래서 저는 눈길이 자주 닿는 곳에 목표를 적어 둬요. 책상 귀퉁이나 방문, 날마다 보는 다이어리 앞면 등에 목표를 적은 쪽지를 붙여 두죠. 의식하지 않아도 늘 목표를 일깨울 수 있는 기회를 마련하는 거지요.

인생을 바꾸는 질문의 힘

백승우

백 승 우 멘토

서강대학교 사학과 · 경영학과
너랑 대외협력팀장

우리는 공부를 왜 해야 할까? 이유는 많다. 좋은 대학에 가야 하니까, 좋은 직장에 들어가야 하니까, 사회에서 인정받아야 하니까……. 자, 가슴에 손을 얹고 생각해 보자. 지금 말한 이유들이 정말 자신의 머릿속에서 나온 걸까? 나의 생각은 어디로 갔을까? 공부를 '해야 하는 것'이 아니라 '하고 싶은 것'으로 만들 수는 없을까? 이 모든 물음에 대한 해답이 why, 바로 '왜?'에 있다. 내 인생을 바꾼 질문, 노력마저 즐거움으로 바꾸는 놀라운 힘, why에 대해서 알아보자.

35

인생을 바꾸는 질문의 힘

백승우

노력하면 다 된다. 그런데 힘들다?

태어난 지 19개월 만에 병을 앓고 청각과 시각을 잃음. 가정 교사 앤 설리번에게 교육받음. 고난의 시간을 극복하고, 일반인도 들어가기 힘들다는 래드클리프 대학을 졸업함.

누구의 이야기일까? 어릴 적 위인전에서 한 번쯤 접해 봤을 헬렌 켈러 이야기다. 소리가 안 들리고 앞이 안 보이는 극한 상황 속에서도 포기하지 않고 끊임없이 노력한 인물을 보면, “와, 대단하다!” 하고 감탄하면서 가슴이 뭉클해진다. 이런 감정은 천재를 보며 느끼는 감탄과는 살짝 다르다. 또한, 우리는 천재보다는 ‘노력형 인물’에게 더 친근함을 느끼기도 한다. 왜 그럴까?

노력은 너 나 할 것 없이 우리 삶의 일부다. 날마다 살아가는 하루하루가 노력의 연속이다. 책을 읽고, 공부하고, 운동하는 모든 일이 오늘보다 더 나은 내일의 '나'를 만들고자 하는 노력의 과정이다. 하지만 우리는 노력을 미덕으로 여기는 한편 내 것으로 만들기는 싫어한다. 왜냐하면 노력하는 게 힘들기 때문이다! 당장 하고 싶은 게임을 접어 두고 책을 보고 공부하기란, 또 맛있는 케이크를 물리고 운동하기란 분명 힘든 일이다.

교실에서, 학원에서, 독서실에서, 집에서, 우리는 날마다 공부와 씨름한다. 하지만 공부가 재미있다고 생각하는 사람은 몇이나 될까? 공부를 싫어하는 뇌의 회로 과정을 들여다보자!

공부하기 위해 자리에 앉는다. 마음속으로 '공부해야 하는 마음'과 '공부하기 싫은 마음'이 싸우는 중이다. 서로 질문을 던진다.

공부해야 하는 마음 공부해야 해!
공부하기 싫은 마음 왜 해야 하는데?
공부해야 하는 마음 공부해야 좋은 대학에 갈 수 있으니까.
공부하기 싫은 마음 너무 먼 얘기잖아. 또 좋은 대학에 가면 뭐가 좋아?
공부해야 하는 마음 사회에서 인정받잖아. 취직도 잘 되고.

공부하기 싫은 마음 그러니? 누가 그래?

공부해야 하는 마음 엄마가…….

위의 대화에서 보듯, '공부하기 싫은 마음'은 공격적이고, '공부해야 하는 마음'은 방어적이다. 무엇이든 당장 더 편하고 즐겁고 재미있는 것들이 공격적으로 우리 마음을 유혹한다. 그런 공격에서 우리 마음을 지켜 내는 과정이 바로 노력의 과정이다. 노력을 방해하는 공격이 엄청나게 거세기 때문에 노력하기란 참 힘들다.

'공부하기 싫은 마음'이 왜 공부를 해야 하느냐고 묻는다. '공부해야 하는 마음'이 대답은 하지만, 어쩐지 석연치 않다. 그럴 만도 하다. 공부해야 하는 이유가 다 엄마한테 들은 얘기란다. '엄마' 대신 '아빠' '선생님'이라는 단어로 바꿔치기할 수도 있다. 이처럼 대한민국에서 학생 신분으로 공부를 왜 해야 하는지에 대한 대답은 아직 '좋은 대학에 가야 하니까.'에, 누군가로부터 주입된 생각에 머물러 있다. '좋은 대학'이라는 개념도 누구에게서 왔는지 의문이 든다. 내 생각은 어디로 갔을까? 공부를 '해야 하는 것'이 아니라 '하고 싶은 것'으로 만들 수는 없을까? 노력은 늘 힘들어야만 할까? '즐거운 노력'이란 없을까?

나는 이 모든 질문에 대한 답을 아이러니하게도 why라는 '질문'에서 찾았다.

나는 경상북도 경주에서 태어났다. 수학여행지로 유명한 그곳. 지금도 고즈넉한 분위기는 여전하지만 내가 태어났을 당시에는 고층 아파트도 거의 없을 정도였다. 때는 6살의 어느 여름날 오후였다. 햇살이 비치는 거실에서 장난감을 가지고 놀고 있었다. 그때 아버지가 안방에서 부르셨는데 내가 못 들은 모양이었다. 아버지가 거실로 나오시더니, 안방으로 들어오라고 손짓하셨다. 그때 처음 봤다. 아버지의 굳은 표정을. 나는 뭔가 잘못한 줄 알고 바짝 긴장해서 방으로 들어갔다.

안방에는 어머니가 침대에 앉아 계셨다. 내게서 고개를 돌린 채 침울한 표정이었다. 아버지는 방바닥에 앉아 나를 물끄러미 바라보셨다. 안방 문이 닫힌 뒤 흐르던 10초간의 정적. 마침내 정적을 깨고 아버지가 입을 여셨다.

"승우야, 지금부터 아빠가 하는 말 잘 들으렴."

아버지의 목소리에서 느껴지던 떨림이 지금도 잊히지 않는다.

"아빠하고 엄마하고 따로 살게 되었단다. 그래서 승우가 앞으로 아빠하고 살지 아니면 엄마하고 살지 결정해 줘야 해."

그 말을 듣고서 정확히 어떤 생각이 들었는지 똑똑히 기억나지는 않는다. 하지만 어찌해야 할지 모른 채 우물쭈물 당황스럽던 감정은 아직도 생생하다. 6살이라는 나이에 답하기에는 엄청나게 무거운 질문이었다. 대체 '왜' 그런 결정을 내려야 하는지 궁금증이 앞섰다. '우리 가족이…… 왜?' 분명 6살 인생에서 접한 가장 큰 '왜'였다. 이어서 어떤 대화가 오갔는지 기억나지 않는다. 어쨌든 마지막 내 답변은 이랬다.

"나, 아빠하고 살고 싶어."

그 뒤로 나는 아버지와 함께 부산으로 내려가 할머니 댁에서 셋이 함께 살았다. 부산 연제구 연산동에 있는 시장 어딘가에서 지냈는데 마음 따뜻한 이웃이 많았다. 할머니와 손잡고 시장 가게로 놀러 가거나 이웃집 또래 친구들과 뛰어놀던 추억이 가득하다. 나는 어리다고 해서 칭얼거리거나 어리광을 피우지 않았다. 오히려 할머니와 아버지를 내가 지켜야겠다고 생각했다. 두 분을 지키기 위해서는 어른의 세계를 알아야 하는 법. 나는 어른들을 유심히 관찰하기 시작했다. '어? 저분은 왜 저렇게 행동하시지?' '음? 저분은 왜 저런 표현을 쓰시지?' 하고 혼자 궁금해하고 깊이 생각하는 버릇이 생겼다.

이런 버릇 덕분에 나와 다른 사람을 배척하기보다는 '왜' 그런지 스스로 질문하며 한 번 더 생각하는 습관이 생겼고, 여러 사람과 두루두루 친하게 어울리는 마당발 성격이 되었다. why의 첫 번째 효과다.

나는 얼마 지나지 않아 부산에서 서울로 올라와 무럭무럭 자랐다. why의 효과 덕분인지 학창 시절 내내 별 탈 없이 친구도 많이 사귀고 반장이나 부반장을 숱하게 맡았다. 어디서든 사람을 좋아하고 조직을 이끄는 것도 즐겼다. 그런 내게 시련이 찾아왔다. 대학을 가고 싶은 학생이라면 누구든 거쳐야 할 관문, 바로 수능이었다. 현역에 이어 재수까지 이어진 쓰라린 실패. 지푸라기라도 잡는 심정으로 2월 마지막 추가 합격까지 기다리던 나는 절망의 늪에 빠지고 말았다. '와, 이제 어떻게 하지?' 가장 먼저 이런 생각이 들었다. 재수를 독학으로 불태우며 열심히 했기 때문에 아무것도 돌아온 것 없는 결과에 더 좌절했다.

그렇게 3월 한 달을 멍하니 보냈다. 삼수를 해야 하는데 그때는 어쩜 그리도 하기 싫던지. 독학 재수를 하며 마르고 닳도록 봤던 책을 또다시 펴는 게 억울했다. 책을 펴는 순간 평소 한심하게 바라봤던 삼수생이 바로 나라는 사실을 인정하는 꼴이 될 것 같았다. 다시 공부하길 바라시는 부모님과 마찰이 생기자 나는 극단적인 선택을 했다. 바로 가출이었다.

나는 수중에 있던 돈을 챙겨 피시방으로 향했다. 사실 그때까지 게임을 좋아하거나 잘하는 학생이 아니었다. 그래서 피시방에 가서도 무슨 게임을 할지 한참 고민하던 끝에 당시 유명했던 RPG 게임에 손을 댔다. 처음에는 서툴렀지만 하면 할수록 재미가 붙더니, 13시간은 너끈히 컴퓨터 앞에 앉아 있는 건 예사고, 게임을 시작한 지 한 달 반 만에 '서버 내 1등 유저'로 등극했다. 그만큼 정말 좋아했다. 현실에서는 방황하는 21살에 지나지 않았지만, 게임 안에서는 대접받는 고수였으니까.

게임 내에서 친해진 사람도 많아져서 정기 모임을 가졌다. 다들 서른 살 안팎의 형, 누나들이었다. 모두 좋은 분들이어서 목적 없이 게임에만 빠져 있는 나를 친동생처럼 진심으로 걱정해 주었다. 또 피시방 출입이 일상이 되면서 어느덧 피시방 사장님과도 돼지고기 볶음을 나눠 먹는 친한 사이가 되었다. 그렇게 사람들과 두루 친해지면서, 사람이든 게임이든 '피시방과 깊게 관련된 것은 멀리해야 할 기피 대상'이라는 편견 또한 깨졌다. 게임 폐인, 피시방 사장 그리고 삼수생. 우리는 흔히 사회에서 정석으로 여기는 코스를 밟지 않은 사람을 얕보는 경향이 있다. 이런 사람들의 이미지가 어쩌면 누군가에 의해 '규정돼 버린 시선'은 아닐까 하는 의문이 그때 처음 들었다. 가출의 끝 무렵에 겪은 일로, 그 의문은 확신이 되었다.

4월 초순께였다. 여느 때처럼 늦은 밤까지 게임을 하고 피시방을 나섰다. 피곤한 몸을 이끌고 서울대학병원 응급실로 가는 중이었다. 참, 나는 가출한 뒤 가끔 응급실에 잠자러 갔다. 응급실은 모든 사람에게 개방되어 있고, 실내가 따뜻했기 때문이다. 4월이긴 했지만, 아침저녁으로 쌀쌀한 날씨였다. 추위를 피해 발걸음을 재촉하는데, 노숙자 한 명이 눈에 들어왔다. 신문지를 바람막이 삼아 웅크리고 있던 분. 나는 그분에게 다가갔다. 그냥 궁금했다. 저분은 왜 길거리로 나오게 되었는지가.

"안녕하세요?"

처음에는 아무 반응이 없었다. 마치 딱딱하고 차가운 동상처럼.

"아저씨?"

그분이 부스스 눈을 뜨고 나를 쳐다보았다. 순간 내가 단잠을 깨웠나 싶어 움찔했다. 내게 호통이라도 칠까 봐 무섭기도 했다.

"여기에 왜 이렇게 계세요? 안 추우세요?"

"춥지."

"배고프시죠? 편의점 가실래요?"

아저씨는 '뭐 하는 놈인가.' 하는 표정으로 나를 쳐다보았다. 그렇게 잠시 망설이는가 싶더니 일어나서 나를 따라 편의점으로 향했다. 나중에 말씀하시길, 자기한테 말을 거는 사람은 처음이라 적잖이 당황하셨단다. 우리는 빵과 우유를 손에 들고 허겁지겁 먹었다. 아저씨는 당연히 배가 고파서, 나는 저녁도 거르고 게임을 하느라 배가 고파서.

"아저씨, 아저씨는 왜 밖에서 주무세요? 집이 없으세요?"

"아니."

"집도 있는데 왜 안 들어가세요?"

"못 들어가는 거지."

노숙자 아저씨의 사연은 이랬다. 아저씨는 원래 번듯한 가장으로 사업을 했다. 그런데 무리하게 사업을 확장하다가 빚이 생겼고, 빚은 빚을 낳아 눈덩이처럼 불어났다. 마침내 집에 압류 딱지가 붙었고, 온 가족이 길바닥에 나앉기에 이르렀다. 아저씨는 자기 하나만 도망치듯 살면 남은 가족은 그래도 살 수 있으니, 편지 한 장 남겨 놓고 집을 나왔다고 했다. 나는 드라마에서 보던 일이 아저씨에게 현실이라는 점에 깜짝 놀랐다. 아저씨가 참 안타깝게 느껴졌다.

나 또한 아저씨에게 내가 왜 집을 나왔는지부터 부모님은 왜 나를 이해하지 못하시는지까지 내 이야기, 내 감정을 털어놓았다. 그러자 단답형으로 흐르던 아저씨의 말도 점점 길어졌다. 그렇게 30분쯤 이야기를 나눈 뒤, 아저씨는 마지막으로 잊지 못할 말씀을 하셨다.

"학생, 아직 학생인 것 같은데 가진 것에 고마워해요. 아직 가능성이 크잖아. 하면 할 수 있는 거, 그게 좋은 거야. 나는…… 학생에 비하면, 아니야."

아저씨와 헤어지고 응급실 의자에 누웠다. 참 많은 생각이 드는 밤이었다. '가능성이라는 말, 다 커서 가출한 삼수생인 나에게도 적용될까?' 하는 생각도. 지금이야 '물론 당연하지. 그게 고민거리라도 되나?' 싶지만, 그때는 그런 생각을 하지 못했다.

며칠 뒤, 나는 마음을 고쳐먹고서 가출을 접고 집으로 돌아갔다. 부모님 앞에 무릎을 꿇고 앉아 잘못된 판단과 행동, 불효에 용서를 빌었다. 짧으면 짧고, 길면 길다 할 2달간의 가출은 분명 두 번 다시 하고 싶지 않은 경험이었다. 하지만 한편으로는 내게 많은 변화를 주었다. 사람에 대한 관심을 넘어, 상대방을 이해하려는 관점에서 늘 '왜?' 하고 질문하며 생각하는 힘을 길렀다.

자기도 모르게 쌓인 편견을 안고 바라보면 상대방의 참모습을 들여다볼 수 없다. 직접 대화하고 부딪치고 그 사람을 느껴야 겨우 타인의 한 조각을 알 수 있다. 우리는 평생 사람과 관계를 맺으며 살아야 한다. 그리고 그 관계는 '관심의 why'를 넘어 '이해의 why'가 작동할 때 분명 달라진다. 철없던 가출 청년이 변했듯이!

why와의 세 번째 만남 _공부를 해야 하는 이유를 찾다

집으로 돌아간 나는 세 번째 수능 공부에 매진했다. 그러나 또다시 난관에 부딪혔다. 가출이 삼수하기 싫었던 철없는 공부 투정의 표출이었다고 치고, 슬럼프 극복은 됐을지언정 공부의 원동력으로는 이어지지 않았다. '공부는 왜 해야 할까?' 이 답을 찾아가는 여정이 나의 마지막 이야기다.

그해 6월은 2010년 월드컵이 열리는 때였다. 2002년 4강 신화의 감동이 고스란히 살아 있던 때라 기대감도 컸던 시기다. 하지만 삼수생에게 이런 분위기는 정말 쥐약이었다. 밖에서는 월드컵 응원가가 들려오고, 텔레비전을 켜기만 하면 월드컵 이야기뿐이라 영향을 안 받을 수가 없었다. 나는 고민 끝에 기숙 학원에 들어갔다. 1년 반 동안 이어 왔던 독학 공부를 끝내는 순간이기도 했다.

내가 들어간 기숙 학원은 900명 이상의 N 수생이 공부하는 곳으로 규모가 꽤 컸다. 휴대 전화 외에 전자 기기는 사용 금지였고, 주변은 어쩌다 지나가는 자동차뿐인, 외부 세상과 철저히 단절된 곳이었다. 고등학교를 졸업한 뒤로 같은 목표를 둔 사람과 함께하기란 오랜만이라 느낌이 새로웠다. 내가 배정받은 반에는 장수생 형 1명과 나를 포함한 삼수생 4명, 재수생 25명 정도가 있었다. 내가 기숙 학원 배경에서 인원수까지 꼼꼼히 늘어놓은 이유는, 우리가 공부로 겪는 고통과 고민은 지금 이 순간에도 혼자만의 것이 아니라는 말을 하고 싶어서다. 긴 독학을 풀고 내가 간 그곳은 '공부는 왜 해야 할까?'에 대해 진정으로 소통할 수 있는 공간이었다. 모두가 만족할 공통의 해답은 쉽게 얻지 못했다. 그러나 각자 답을 찾아가는 데 서로에게 도움이 되었다. 나도 그 친구들과 함께 대화하며 그리고 혼자 고민하며 해답을 찾아갔다. 내가 해답을 찾은 실마리는 바로 내 오랜 친구인 why, 바로 '왜?'라는 질문이었다.

내 오랜 친구 5why

내 친구 why는 정확히 말하면 '5why'고 내가 만든 말이 아니다. 원래 논리 기법과 관련된 책에서 소개된 용어다. 5why를 적용한 유명한 사례가 있다.

어느 날 미국에서 벌어진 일이다. 미국 제3대 대통령인 토머스 제퍼슨 기념관의 벽이 부식되었다. 외벽이 온통 새하얀 색이어서 부식되면 더 티가 났다. 기념관 관리인은 고개를 갸우뚱했다. 청소부가 깨끗이 청소하는 모습을 날마다 봐 왔기 때문이다. 그래도 혹시나 하는 마음에 관리인은 청소부를 불렀다.

관리인 기념관 벽이 왜 부식되었습니까? (1why)
청소부 청소를 너무 자주 해서 그렇습니다.

관리인은 어리둥절했을 것이다. 벽이 부식된 이유가 청소를 자주 해서라니. 그러나 너무 자주 청소하면 건물 벽이 부식되는 건 사실이다. 몸을 지나치게 자주 씻으면 오히려 피부에 안 좋은 것과 같은 원리다.

관리인 그러면 왜 청소를 자주 합니까? (2why)
청소부 날마다 비둘기가 와서 외벽이며 곳곳에 똥을 쌉니다. 그래서 청소를 자주 할 수밖에 없습니다.

관리인 흠, 이상하군. 비둘기는 왜 날마다 옵니까? (3why)

청소부 비둘기가 먹을 곤충이 많아서지요. 특히 거미가요!

관리인 어쩐지 거미줄이 보이긴 하더군요. 그럼, 거미는 왜 그렇게 많나요? (4why)

청소부 나방이 많아서 그렇습니다.

관리인 나방은 왜 그렇게 많습니까? (5why)

자, 여기서 문제! 나방은 무엇을 좋아할까? 누구나 알다시피 나방은 빛을 좋아한다. 청소부는 기념관에서 켠 불빛을 쫓아 나방이 몰려온다고 대답했다. 관리인은 고민에 빠졌다. 밤에 조명을 켜는 건 당연한 일이었다. 밤에 불을 켜는 건 주변 건물도 마찬가지인데, 왜 하필 나방은 유독 기념관을 좋아하는지 알 수가 없었다. 관리인은 기념관 건물과 주변 건물의 차이를 조사하다가 마침내 비밀을 풀게 되었다! 과연 토머스 제퍼슨 기념관의 벽이 부식되었던 근본 원인은 무엇이었을까?

기념관은 특성상 되도록 조명을 밝게 유지해야 한다. 그래서 주변 건물보다 1시간 빨리 야간 조명을 켜는 것이 기념관 방침이었다. 어스름이 깔린다 싶으면 바로 조명을 켰던 것이다. 관리인은 이 사실을 깨닫고 기존 방침을 바꿔 야간 조명 점등 시간을 1시간 늦추었다. 그 결과 기념관에 득실대던 나방이 줄어들고 부식 진행 속도도 늦춰졌다.

관리인과 청소부와의 대화는 근본 원인을 찾는 일이 얼마나 중요한지를 보여 준다. 만약 관리인이 한 번만 묻고 청소 횟수를 줄이라는 지침을 내렸다면 어땠을까? 세상 모든 고민이 이와 같다. 한두 번 '왜?'를 묻고서는 이내 우리는 지쳐 버린다. 아니면 귀찮아하거나! 우리는 '공부는 왜 해야 할까?'라는 질문을 깊이 고민해 본 적이 없다. 5why를 알기 전, 나의 뇌 구조를 들여다보자.

질문 공부는 왜 해야 하지?

대답 안 하면 부모님께 혼나니까. 좋은 대학에도 가야 하고.

나는 '좋은 대학'이란 어떤 대학인지 나름 깊이 파고든 적이 있다. 하지만 대략 이런 식이다.

질문 왜 좋은 대학에 가야 하지?

대답 좋은 대학에 가야 사회에서 인정받고 졸업 후의 삶에 좋은 영향을 끼치니까.

질문 왜 인정받아야 하는데?

대답 ……그게 좋은 거니까.

여기서도 why는 이어지긴 했다. 하지만 5why를 했다고 볼 수 없다. why에 대한 대답에 진지한 고민이 담겨 있지 않기 때문이다. 다른 사람이 말한 이유가 아닌, 내가 생각하는, 내가 깊이 고민해서 수긍하는 이유가 아니다. "그냥…… 그렇다고 하니까." 식이었다. 문제는 여기서 끝이 아니다. '왜?'를 묻지 않으면 어떤 문제든 수동적으로 사고하게 된다. 그 어떤 고민 앞에서든 말이다.

그렇다면 또 질문! 우리는 왜 why를 묻고 생각하기를 귀찮아할까? 답은 간단하다. 복잡하고 까다롭기 때문이다. 그럼, 우리는 왜 why에 대답하기를 복잡하고 까다롭게 여길까? 그것은 머릿속에 답이 있다. 우리의 뇌는 외부에서 오는 신호마다 관장하는 공간이 따로 있다. 그런데 하필 why를 관장하는 곳이 뇌의 가장 안쪽에 자리 잡고 있어서 why를 고민할 때 가장 오래 생각해야 한다. 때로는 답이 떠오르지 않는 경우도 있다. 하지만 이 힘든 과정을 거치고 why를 해결하면 값진 것이 뒤따른다. 오랜 친구 5why 덕분에 내 인생이 바뀌었듯이!

5why가 주는 선물

why란 머릿속을 복잡하게 만드는 '적' 같은 놈이면서도, 잘만 활용하면 우리의 스트레스를 줄여 주는 '친구' 같은 녀석이다. 5why를 친구로 삼으면 우리에게 선물이 돌아온다. 바로 '사람을 움직이게 하는 힘'이다.

삼수에 접어들었을 때, 〈수학의 정석〉을 세 번째로 펼치고 싶지 않았다. 그러나 5why를 하면서 '공부는 왜 해야 할까?'에 대한 답을 찾았다. 그러고 나자 〈수학의 정석〉을 펼치기가 힘들지 않았다. 그냥 자연스럽게 앉아 공부했고, 노력이 즐거워졌다. 놀랍게도 5why는 노력을 즐겁게 만들며 '나'를 움직이게 하는 데 그치지 않는다. '타인'까지도 움직이게 하는 힘을 발휘한다.

우리는 흔히 위인의 삶을 본받으려 한다. 인권 운동가 마틴 루서 킹 목사의 예를 들어보자. "나에게는 꿈이 있습니다."로 시작하는 킹 목사의 연설은 지금도 유명하다. 당시 그의 연설을 듣기 위해 미국 각지에서 워싱턴으로 사람들이 몰려들었다고 한다. 편안한 소파에 기대앉아 텔레비전으로도 시청할 수 있었는데도 많은 이들이 꼭두새벽부터 워싱턴으로 고된 발걸음을 했다. 미국은 땅덩어리가 커서 한곳에 모이기가 더 쉽지 않은데 말이다. 그런데도 '왜' 그랬을까? 사람들이 킹 목사가 지닌 '신념'에 진정으로 공감하고 반했기 때문이다. 비단 킹 목사에만 해당하는 내용이 아니다. 책에서, 현실에서 마주하는 여러 위인에게는 공통점이 있다. 바로 자기만의 '신념'을 지녔다는 점이다. 이 신념을 바탕으로 위인은 자신을 움직이고 타인에게도 영향을 미친다.

이러한 신념을 우리는 어떻게 가질 수 있을까? 자신에게 질문하자! 5why로 깊이 고민하자. 남이 말한 답에 편히 안주하지 말고,

'나' 스스로 주체적으로 생각하고 답을 찾고 행동하자.

자, 이제 펜을 꺼내 5why를 써 보자! 어떤 질문이든 상관없다. 이왕이면 마음속 저편으로 치워 뒀던 문제라면 더 좋겠다. 질문 횟수가 꼭 다섯 번일 필요는 없다. 다섯 번에 못 미치든 열 번까지 이어지든, 스스로 더는 의문이 들지 않는 답을 찾으려고 노력하는 자세가 중요하다. 위인들처럼 당장에 거창한 '신념'씩이나 생기지 않아도 좋다. 그보다 펜을 들고 꼭 써 보라고 당부하고 싶다.

세상은 '너'에게 반했다

강연장에서 학생들에게 5why를 써 보라고 하면, 그럼 나는 써 봤느냐는 질문이 부메랑처럼 돌아온다. 내 대답은 "많이 써 봤다."다. 많이 쓰다 못해 이제는 굳이 쓰지 않아도 머릿속으로 묻고 답한다. 그렇다면 '공부는 왜 해야 할까?'에 대한 나의 5why는? 이건 비밀이다. 쉽사리 보고 베낄까 봐 걱정되어서다.

나는 나만의 5why를 완성하고 공부에 매진해서 원하는 대학에 들어갔다. 그 뒤로 대학 생활은? 말할 것도 없다! 내가 아직 엄청나게 대단한 사람이 된 것은 절대 아니지만, 앞으로 엄청나게 대단한 사람이 될 시간은 많다! 살면서 나보다 더 똑똑하고 잘난 사람을 무수히 만나기 마련이다. 장담컨대 5why의 비법을 빨리 터득하면 터득할수록 자격지심에서 빨리 벗어날 수 있다. 또한, 주체적으로 행동하는 자신을 발견할 것이다. 아, 이 비법을 너무 많은 사람이 알까 봐 두려울 정도다. 우리 모두 조용히 이 비법을 익히자. 세상이 '너'에게 반할 일만 남았다!

손 번쩍! 질문 있어요!

Q 저도 5why를 해 보고 있는데요, 처음 하다 보니 서툴러요. 혹시 멘토님이 직접 하신 5why를 보여 주시면 안 될까요?

A 사실 강연 때 5Why를 하는 시간이 있는데요, 저더러 시범으로 보여 달라는 친구들이 많아요! 제 경우는 다양한 버전이 있는데, 그중 '공부는 왜 해야 할까?'의 경우를 꼽아 볼게요.

질문 승우야, 공부는 왜 해야 하지? (1why)
대답 공부를 해야 성적이 오르지.
질문 왜 성적이 올라야 하는데? (2why)
대답 성적이 올라야 내 노력이 인정받지. 기분 좋은 건 덤이고.
질문 왜 인정받아야 하는데? (3why)
대답 나에게 더 많은 기회를 주거든.
질문 왜 더 많은 기회를 얻는 게 중요할까? (4why)
대답 더 많은 경험을 쌓고, 그만큼 새로운 나를 많이 만들어 주거든.
질문 왜 경험을 쌓고 새로운 나를 만들어야 해? (5why)
대답 그러면 내가 행복해지기 때문이지.

자, 이렇듯, 5why는 꼬리에 꼬리를 무는 형식이죠! 여기서 주의할 것은 why가 물음이 아닌 일명 '꼬투리 잡기'식 질문이 되어서는 안 된다는 점이에요. 이전 대답의 가장 중심이 되는 요소를 다시 질문하는 것이 중요해요!

Q 5Why는 꼭 다섯 번을 묻지 않아도 된다고 했죠? 횟수는 중요하지 않다고 하셨는데, 그럼 몇 번을 물을지, 그 기준은 '누가' 그리고 '어떻게' 정하나요?

A 강연하면서 많이 받는 질문이에요. 친구들과 함께 5Why를 써서 서로 바꿔 보세요. 더 의문 나는 부분은 없는지 서로 확인해 주는 과정이지요. 나는 이쯤이면 더는 의문이 안 생기는데, 남이 보았을 때는 이해가 가지 않는 답이 있기 마련이거든요. 처음에는 다 서툴러요. 그럴수록 공유하세요! 특히 이런 것을 공유했을 때 진지하게 받아 주고 의문점을 짚어 주는 친구가 정말 좋은 친구예요. 자신에게도 다른 사람에게도 더는 의문이 생기지 않고 수긍이 갈 때 why는 그만 물어도 좋아요.

Q 5why가 멘토님의 삶에 구체적으로 어떤 영향을 주었나요?

A 5why가 제 삶에 영향을 미친 시기는 대학생이 된 뒤부터예요. 5why를 하며 내 삶을 '주인공'으로서 살게 되었고, 그러자 놀라운 변화가 일어났어요. 매사에 자신감이 넘치는 태도를 보여 리더 역할이나 큰 책임을 짊어지는 경우가 많아졌어요. 이런 책임을 주체적으로 실행하니 더 큰 성과로 돌아오고, 더 큰 책임을 맡고, 선순환이 이어졌지요. 그래서 우리나라를 대표해 수천 명 앞에서 국제리더십협회 연설을 했고요. 무엇보다도 5why는 성과 없는 단순한 노력에서 벗어나게 해 줬어요. 이 부분이 가장 핵심입니다!

선택은 남이 아닌 내가!

김정한

김정한 멘토

간디 고등학교 졸업

서강대학교 신문방송학과

너랑 대표

돌이켜 보면, 초등학교에 갈지 말지의 문제는 내 인생에 있어서 엄청나게 중요한 '선택의 문제'였다. 만일 초등학교를 가지 않겠다는 분명한 이유와 의지가 있었더라면 그때의 선택이 지금과는 또 다른 인생길로 나를 이끌었을지 모른다. 일곱 살의 나는 선택 대신 침묵했다. 어쩌면 그때는 너무 어려서 당연한 반응이라며 그냥 넘어갈 수도 있다. 그러나 우리가 선택의 갈림길에 서는 순간은 언제나 내 인생을 통틀어 가장 어리고, 살아온 삶에서 가장 나이가 많은 '바로 지금'이다. 그러니 어느 시기든 지나간 선택과 행동을 되짚어 보고 반성하면 큰 깨달음을 얻을 수 있다. 그동안 나는 어떤 선택을 했을까? 앞으로 어떤 선택을 해야 할까? 어떻게 하면 선택을 잘할까? 양념치킨과 프라이드치킨 사이에서, 짜장면과 짬뽕 사이에서, 그 어떤 선택지 사이에서도 후회 없이 선택하는 길을 살펴보고자 한다.

선택은 남이 아닌 내가!

김 정 한

정말 학교에 가고 싶니?

아직 한글도 제대로 읽을 줄 몰랐던 일곱 살 때였다. 부모님으로부터 “엄마가 좋아, 아빠가 좋아?” 다음으로 가장 혼란스러운 질문을 받았다.

“정한아, 정말 학교에 가고 싶니?”

강연장에서 수많은 청소년을 만나는 멘토이기에 어릴 적부터 남다른 모범 답안을 내놓았을까? 답은커녕 질문의 의도조차 알지 못했다. 모두가 다니는 학교를 나만 안 간다니, 상상조차 못 할 일이었다. 오히려 내가 무슨 잘못을 해서 저런 질문을 던지시는 줄 알고 조마조마했다.

결국, 내 입에서는 아무런 대답도 나오지 않았다. ‘당연히 학교에 가야지!'라는 의지의 표현이라기보다는 '그럼 학교에 가야지, 다른 방법이 있나?' 하는 막막함에 가까웠다. 대답을 피하고 혼란스러워 하는 내게 부모님은 답변을 강요하지 않으셨다.

초등학교에 들어간 뒤, '입학'이라는 내 결정에 합당한 이유를 스스로 찾아보았다. 이유야 찾으려 들면 없는 것도 아니었다. 먼저, 커다란 칠판이 놓인 교실과 넓은 운동장에 대한 호기심이라는 '보기 좋은 이유'가 있었다. 또 신발주머니를 들고 다니는 초등학생 형들이 부러웠다는 '솔직한 이유'도 떠올랐다. 부모님 도움 없이 씩씩하게 등교하는 형들이 어찌나 어른스럽게 보이던지. 그러나 이 두 가지 이유는 내가 이미 학교에 다니고 있는 사실을 합리화해 줄 탈출구에 지나지 않았다. '진정한 선택'의 이유는 아니었다.

당시 주체적인 판단을 하지 못한 결정적인 이유는 입학을 선택하지 않을 경우, 어떤 삶을 살지 전혀 몰랐기 때문이다. 몰라서 두려움을 느끼고 선택하지 못하는 것은 부끄러운 일이 아니다. 다만, 학교에 다니면서 내가 떠올려 본 이유에는 아쉬움이 남는다. 교실, 운동장 같은 '환경'이나 어른스러운 형 같은 '타인'에게서 찾지 않고, 내가 무엇을 원하는지를 생각하며 '나'를 중심으로 이유를 찾았다면 어땠을까?

시간이 흘러 청소년을 만나는 대학생 멘토가 되고 나서야 부모님께 왜 그런 질문을 던지셨는지 여쭤 보았다. 부모님의 답을 말하기 전에, 우리 부모님이 어떤 분인지 잠시 설명해야겠다. 내가 왜 '김정한'인지부터 밝히면 될 것 같다. '**김**철민(아버지)과 **정**민희(어머니)가 낳은 **한** 소중한 아이'라는 문장 속에서 내 이름 석 자가 생겨났다. '부모의 욕심 안에 가두지 않고 자유롭게 사고하는 아이로 키우기'가 교육 철학인 부모님은 '김정한'이 세상에 태어난 순간부터 아들을 한 인간으로서 존중하시고자 했다. '자유'와 그에 따른 '책임' 그리고 스스로 생각하고 '선택'하는 것을 중요시 여기는 분들이었기에, 아들을 존중하는 마음으로 '선택'할 기회를 주신 것이다.

또 다른 이유로는 내성적인 아들이 스스로 선택한 것에 가치를 두고 자신감을 가지길 바라시는 마음도 있었다. 나는 친구들 앞에 나서서 대장 노릇을 하거나 당당히 내 의견을 말하는 성격이 아니었다. 내성적이던 나는 초등학교에 들어간 첫날부터 잊지 못할 추억을 남기고 말았다.

수업 첫 시간, 반 친구들 앞에서 자기소개할 순서를 기다리고 있었다. 잔뜩 긴장했는지 배가 아팠다. 하지만 학교 화장실이 무서웠고, 선생님께 화장실에 가고 싶다고 말하기도 쉽지 않았다. 결국 나는 몰래 교실을 빠져나와 집으로 가 버렸다. 내성적인 김정한의 화려한 초등학교 데뷔전이었다.

그 뒤로도 학교 화장실을 가지 못해 몇 번이나 집으로 돌아갔다. 학교에서 바지가 찢어지자 누구에게도 말하지 못한 채 숨어 있었고, 좋아하던 여자아이와 짝이 되고 싶었지만 용감한 남자아이에게 짝꿍 자리를 빼앗겼고, 반장 선거에서 아무도 나를 추천해 주지 않아 목 놓아 울었다. 학교는 내가 얼마나 겁 많고 소심한지를 깨닫는 곳이었다.

그러나 오해는 없어야 한다. 초등학교에 다니며 곤란한 상황에 많이 부닥쳤지만 학교는 즐거운 공간이었다. 선생님과 함께 다양한 과목을 공부하기가 재미있었다. 받아쓰기는 틀리기 일쑤였지만 글쓰기는 좋았고, 암기는 못해도 시 감상은 좋았다. 또 학교에서 내 성격과 취미가 비슷한 친구들을 만날 수 있어서 좋았다. 학교에서는 어제 본 만화 영화 얘기를 친구들과 나누고, 학교 밖에서는 서로의 집을 오가며 처음 보는 장난감을 가지고 놀거나 집 앞 놀이터에서 '탈출'이나 '도둑잡기'를 하며 놀았다.

영원히 변하지 않을 것 같던 내 성격도 초등학교를 다니면서 조금씩 달라졌다. 선생님과 친구들과 함께 나눈 시간과 대화가 내 가치를 높여 주었다. 서로를 가치 있게 만드는 '소통'이 재미있어졌다. 그렇다고 내성적인 성격에서 외향적인 성격으로 탈바꿈한 것은 아니다. 새로운 관계를 맺기는 여전히 어려웠고, 사람이 많은 곳에서는 긴장했다. 그래도 나는 내향적인 내 성격이 좋았다. 마음속에 혼자 상상하며 키워 온 세상이 누구보다 크고 멋지다고 믿었다. 달라진 점은, 크고 멋진 나만의 이야기를 내가 만나는 사람들과 나누어야겠다고 결심한 것이다.

잠시 가족 얘기로 돌아가 보자면, 어릴 적부터 우리 집은 저녁 식사 시간이 유난히 시끄러웠다. 부모님은 내게 그날 무엇을 배우고 느꼈는지 캐묻지 않으셨다. 대신 당신들이 그날 무엇을 하고 느꼈는지를 들려주셨다. 나는 부모님이 어떤 일을 하시고 무엇을 좋아하시는지 저녁 식사 시간을 함께하며 공유했다. 나를 겨냥한 일방적인 질의응답 시간이 아니었기에 나 또한 조심스럽게 내 이야기를 꺼낼 수 있었다. 남보다 소심했던 내게 가족과 함께하는 저녁 식사 시간은 상대방의 이야기를 경청하고, 내 이야기를 조심스럽게 꺼내 들려주던 자리였다.

경청하고 나를 전달하기. 내성적인 김정한은 이 두 가지를 가족뿐만이 아니라 학교 친구와도, 낯선 사람과도 나누고 싶기에 이르렀다. 김정한에게 대화란 상대방을 '김정한의 저녁 식사'에 초대하는 것과 같았다.

초등학교 6학년 때 꿈이 하나 생겼다. 바로 '모험가' 되기! 피라미드를 찾아 사막을 건너 숨겨진 보물을 도굴해 오는 모험가(그때는 내 꿈이 도굴꾼, 범죄자인 줄 미처 몰랐다)! 나는 많은 사람에게 내 모험담을 들려주고 싶었다. 초등학교 졸업을 앞두고 꿈이 생긴 내가 대견했다. 이제 꿈을 가진 몸이니, 앞으로 선택의 순간을 주체적으로 맞이할 수 있으리라 믿었다. 졸업식 날이 다가올 무렵, 부모님에게서 올 것이 왔다.

“정한아, 중학……?”

“엄마, 아빠! 나 생각 좀 해 볼게요.”

질문 없는 교실 속 1학년 6반 4번

다시 한 번 선택의 순간이 찾아왔다. 결론은 이전과 같았다. 나는 또렷한 대답을 하지 않았고, 남들처럼 중학교에 들어갔다. 하지만 이번 입학 결정은 과거와 다르다는 사실을 나와 부모님 모두 알고 있었다. 내게는 모험가라는 꿈이 생겼다. 선택의 갈림길에서 이 꿈을 ‘나침반’으로 쓸 수 있을지 생각해 봤다. 중학교 생활이 꿈에 한 발짝씩 다가가는 기회가 될 수 있을지 고민했다. 그러나 가 보지도 않은 곳이 어떨지 생각만 해 봤자 소용없었다. 중학교에 다니면서 관찰하고, 생각하는 시간을 갖기로 했다.

입학하기 일주일 전, 예비 소집일을 맞아 학교에 갔다. ‘반 배치 고사’를 보기 위해서였다. 반을 배치받기 위해서 시험을 쳐야 한다는 것이 이해 가지 않았다.

교실에 도착해서 가장 먼저 내 시선을 사로잡은 것은 바로 ‘학생과 책상’이었다. 학교에서 보기 흔한 학생과 책상이 뭐 그리 주목할 일이냐 싶을 수 있다. 그러나 학교를 두고 고민이 많았던 나는 학생과 책상에서부터 초등학교 때와는 사뭇 다른 느낌을 받았다.

무엇보다 처음 보는 아이들이 많았다. 세 곳의 초등학교 졸업생이 한 중학교로 몰려드니 당연한 일이었다. 3명 중 2명은 모르는 아이였다. 교실에 일찍 들어온 아이들은 책을 읽거나 엎드린 채로 있었다. 누군가 교실로 들어오면 다들 한 번씩 고개 돌려 흘겨보고는 각자 하던 일로 돌아갔다. 곧 시험을 본다는 부담감 때문인지, 아이들 표정이 썩 밝아 보이지 않았다. 누구에게도 말을 걸면 안 될 듯한 분위기였다. 그런 분위기는 '책상'에서 더 뚜렷이 느껴졌다.

책상은 1인용이었다. 어른 어깨너비쯤 되는 작은 책상이 자로 잰 듯 같은 간격으로 띄엄띄엄 교실을 메우고 있었다. 초등학교 시절에는 긴 책상에 둘이 앉아 서로의 '짝꿍'이 되었고, 짝과 함께 활동했다. 고학년으로 올라가면서 개인 책상이 생겼을 때도, 책상 두 개를 붙여서 2인용처럼 사용했다. 그랬던 내게 중학교 교실에서 마주친 1인용 책상은 공부하거나 홀로 잠을 자는 개인 공간이었다. 혼자 쓰기에도 답답하게 느껴지는 크기였다.

시험이 시작되기 전, 시험 감독 선생님이 들어와 무엇이든 물어도 좋다고 했다. 나는 왜 책상이 초등학교 때와 다르게 서로 떨어져 있는지 물었다. 선생님은 어이없다는 표정으로, 개인 소지품을 관리하고 시험 볼 때 커닝을 방지하기 위해서라고 했다. 그러면서 다음부터는 시험과 관련된 질문만 하라고 했다. 방금 무엇이든 물어보라고 했으면서.

시험을 마치고 집에 돌아왔다. 시험 감독 선생님 두 분과 개인 책상. 아무도 내 시험지를 커닝하지 못했을 것이다. 나 또한 다른 아이들의 시험지를 볼 수 없었다. 답을 엿보기는커녕 이름조차 묻지 못했다. 처음 중학교에 간 날, 누구와도 대화를 나누지 못했다.

시험 덕분에 학생들은 반마다 골고루 배치되었고, 새 학기가 시작되었다. 김정한은 1학년 6반 4번이 되었다. 내 앞뒤로는 각각 3번과 5번 학생이, 내 오른쪽으로는 '여자 4번'이 앉았다. 초등학교 시절에도 학생 번호는 있었지만 쓰임새가 달랐다. 초등학교에서 학생 번호는 키 순서를 나타냈다. 키가 작았던 나는 6년간 7번 아래를 벗어난 적이 없었지만 기분 나쁘진 않았다. 번호는 키 순서대로 줄 맞춰 설 때만 활용되면 그만이었다. 그런데 중학교에서는 번호의 의미가 달랐다. 교과목마다 다른 선생님이 들어와 이름 대신 번호로 학생을 호명하며 문제를 풀거나 책을 읽게 했다. 번호로 불리니 기분이 좋지 않았다. 게다가 하필이면 4번. 나는 하루빨리 선생님들이 내 이름을 불러 주길 바랐다.

학기 초반만 해도 나는 선생님들 사이에서 모범생 빰치는 학생이었다. 공부를 유달리 잘해서 등수가 높은 것도 아니었다. 다만 수업 시간에 무엇이든 궁금하면 손을 들고 질문했다. 이런 나의 적극성은 얼마 지나지 않아 선생님들에게 골칫거리가 되었다. 급기야 수업 시간에 선생님께 나 혼자 질문을 많이 하는 것은 이기적인 행동이라는 소리를 들었다. 반 친구들은 내가 질문하는 바람에 수업이 길어진다고 생각했다. 사실 수업 시간이 길어진 적은 한 번도 없었는데 말이다! 나는 선생님께 질문하고 얻은 답을 친구들과 나누고 싶었다. 그 마음이 이기적이라는 평을 들은 뒤, 나는 질문을 멈추었다. 시간이 흐르고 학생들의 이름을 외운 선생님은 더는 번호를 부르지 않았다. 그러나 나는 친구한테서 새로운 호칭을 얻었다. 바로 '잘난 척' '나대는 애'였다.

중학교가 초등학교와 다른 특징으로 '성적표'를 꼽을 수 있다. 학년, 학급, 과목별로 등수가 나오는 성적표는 학생들끼리 소리 없는 눈치 싸움과 경쟁을 불러일으켰다. 컴퓨터 수업 시간에 선생님이 기말 시험에 나올 부분을 정리해 줄 테니 필기하라며 칠판 가득 내용을 적었다. 모두 부리나케 받아 적는데, 선생님은 다음 내용을 쓸 자리를 마련하려고 칠판 한 바닥을 지워 버렸다. 여기저기서 탄식이 흘러나왔다. 미처 다 받아 적지 못한 아이들이 내뱉는 소리였고, 나도 마찬가지 처지였다. 나는 수업을 마치고 옆자리에 앉은 '여자 4번'에게 필기를 보여 달라고 부탁했다. 그러자 그 친구가 나를 째려보며 말했다.

"내가 왜 보여 줘야 하는데? 네가 이걸 보고 시험 잘 보면 누구 좋으라고?"

내가 겪은 일들이 모든 중학교, 모든 중학생의 보편적인 모습은 분명 아닐 거라고 생각한다. 어쨌든 나는 그런저런 일을 겪으며 앞으로 남은 2년 동안 내가 행복할 수 있을지 의문이 들었다. 아무도 질문하지 않고, 질문받으려 하지 않는 교실이 답답했다. 경쟁하느라 서로의 꿈을 이야기하지 않는 친구들, 그 친구들한테서 느껴지는 거리감이 불편했다. 중학생이면 흔히 다니는 학원도 가고 싶지 않았다. 피아니스트를 꿈꾸는 사람에게 피아노가, 화가를 꿈꾸는 사람에게 붓이 필요하듯, 모험가를 꿈꾸는 내게는 모험을 떠날 시간과 자유가 필요했다.

나는 내가 얻고자 하는 배움을 찾아 나서기로 마음먹었다. 무엇을 노력해야 하는지 스스로 찾기로 결심했다. 중학교 1학년을 마무리하는 겨울, 부모님께 말씀드렸다.

"엄마, 아빠, 나 이제 학교 그만 다닐래요."

홈스쿨링, 대안 학교 그리고 '길 소개꾼'까지

긴 시간 동안 이야기를 나눈 끝에 부모님은 내 선택을 존중해 주셨다. 아무리 내가 주체적으로 살아가기를 바라셨다 해도, 자퇴를 허락하기란 쉽지 않은 문제였다. 중학교 1학년 때의 담임 선생님은 다시 한 번 생각해 보라며 나를 설득하셨다. 자퇴한 뒤 무엇을 할지 구체적인 계획이 있느냐는 질문에 곧바로 대답할 수 없었다. 그러나 지난 1년 동안 품어 왔던 고민을 털어놓았고, 결국 선생님은 힘들 때마다 찾아오라는 마지막 인사를 건네셨다. 내 자퇴 소식에 주변 사람들은 충격받았다. 만나는 사람마다 자퇴를 선택한 이유를 설명하고 위로받는 불편한 시간이 이어졌다.

특별한 계획 하나 없이 자퇴한 뒤, 나는 행복해졌을까? 소속이 사라졌고 미래를 위한 계획도 없기에 불안했으리라는 추측이 무색하도록 나는 행복했다. 먼저, 하고 싶었던 것만 실컷 하면서 그야말로 작정하고 놀았다. 늦잠은 기본, 온종일 텔레비전과 만화책을 보거나 게임을 했다. 날마다 반복해도 지루할 틈이 없었다. 부모님은 걱정하시면서도 내가 새로운 계획을 찾을 때까지 개입하지 않겠다는 약속을 지키셨다. 얼마 지나지 않아 내가 행복한 상황이 아님을 절절히 느낀 순간이 찾아왔다.

학교를 자퇴한 지 3주째 되던 날이었다. 오랜만에 집 밖으로 나선 나는 길에서 멈춰 선 채 충격에 빠졌다. 거리에 나 말고 한 명도 없었다. 시간은 오후 1시. 아이들은 학교에, 어른들은 일터에 있는 시간이었다. 산책하러 나오시던 할아버지도 그날따라 보이지 않았다. 세상에 홀로 남겨진 기분이었다. 세상이 멈춘 것만 같았다. 아니, 멈춰 있는 건 나였다.

학생은 1년이 지날 때마다 학년이 오른다. 나는 이런 현상을 '에

스컬레이터'라고 불렀다. 에스컬레이터에 서 있는 본인은 위로 올라가고 있지만 사실 한 걸음도 걷지 않는다. 학년이 저절로 올라간 것을 두고 스스로 성장했다고 말할 수 있을까? 그나마도 학교를 자퇴하면 1년이 지나도 다음 단계로 올라가지 않는다. 스스로 걷지 않으면 제자리다. 3주를 날려 보낸 자신이 한심하게 느껴졌다. 자퇴를 결심했던 때의 내 마음을 돌아보았다. 모험가. 나는 3주 동안 모험가라는 꿈을 이루기 위해 어떠한 노력을 했는가? 진정 모험가가 되고 싶기는 한 걸까? 모든 생각이 초기화된 것만 같았다. 나는 꿈에 대해 처음부터 다시 고민하기로 했다. 먼저 내게 넘치는 시간을 제대로 활용할 구체적인 계획이 필요했다.

나는 인터넷에서 홈스쿨링 네트워크를 찾아, 사는 곳이 비슷한 홈스쿨러들과 그룹을 만들었다. 대부분 홀로 시간을 보내는 홈스쿨과는 달리 우리는 그룹이었기에 많은 것을 함께할 수 있었다. 여러 부모님의 도움으로 마련한 공간에서 우리는 인문학과 철학을 공부하며 주제를 정해 토론을 벌였다. 우리의 공간에는 질문이 넘쳐 났다. 이 밖에도 마을 축제에 참여하거나 봉사 활동을 하는 등 다양한 외부 활동을 이어 갔다. 우리는 다양한 길에서 배움을 얻는다는 의미로, 우리 자신을 '로드 스쿨러'라고 불렀다.

여느 때처럼 친구들과 인문학을 공부하다가 대안 교육에 관한 책을 읽었다. 책에는 자발성과 공동체 정신을 강조하는 학교가 소개

되어 있었다. 내가 생각해 온 제도권 학교의 문제점이 바로 '자발적인 질문이 환영받지 못하는 교실' '경쟁 때문에 공동체 정신이 결여된 관계'였다. 그런데 이런 문제점을 똑같이 짚은 학교가 있다는 사실에 가슴이 두근거렸다. 2년 동안 홈스쿨링을 하면서 자신을 돌아보며 반성하고, 인문학과 철학을 접하고, 제도권이라는 울타리를 넘어 길에서 배우는 삶을 맛본 시점이었다. 나는 그다음 행선지를 어디로 잡을 것인지, 누군가의 질문을 받기 전에 '선택'을 했다. 적극적으로 꿈을 찾고 더 많은 또래 친구와 더불어 살아갈 '학교'로 돌아가기로. 나는 검정고시를 치른 뒤, 책에 소개된 '간디 고등학교'에 입학했다.

산청 간디 고등학교. 학교 이름 때문에 내가 인도에서 유학이라도 하고 온 줄로 오해받는 일이 잦았다. 산청 간디 고등학교는 지리산 자락에 있는 우리나라 최초의 상설 대안 학교다. 수업을 마치면 여름에는 계곡에 발을 담그고, 가을에는 감과 밤을 딸 수 있는 우리 학교가 좋았다. 기숙사 생활로 친구들과 많은 시간을 함께 보냈고, 여러 선생님과 편안하게 상담할 기회가 많았다. 또 일반 학교에서 접하기 힘든 다양한 교육 과정이 있었는데, 그중에서 나는 '주를 여는 시간'을 가장 좋아했다. 매주 월요일 첫 수업마다, 전교생과 선생님이 모인 자리에서 돌아가며 한 명씩, 학생 또는 선생님이 발표하는 시간이었다. 프레젠테이션, 연주, 영상, 노래 등 발표 방법은 자유로웠다. 한 사람의 이야기를 모든 식구가 경청한다는 것이 더없이 좋았다.

질문이 넘쳐 나는 수업 시간, 경쟁보다 공동체 정신을 배우는 학교생활은 행복하기만 했다. 그러나 마음 한구석에 허전함이 맴돌았다. 내가 꿈꾸는 삶이 무엇인지 아직 몰랐기 때문이다. 누구나 쉽게 선택하지 못하는 길을 걸어오면서, 내가 꼭 하고 싶고, 해야만 하는 일은 무엇일까? 문득 간디 학교에 입학했을 때 선생님이 했던 질문이 떠올랐다. 대안 학교의 목표란 무엇일까? '학생의 행복'이라는 단순한 답은 아니었다. 대안 학교의 목표는 이 땅에서 대안 학교가 사라지는 것이다. 문제를 극복하기 위해 등장한 '대안'이라는 단어는 결국 문제가 해결되거나, 다양한 대안들이 인정받을 때 사라진다. 모든 학교가 저마다 교육 철학을 가지고 배움과 가르침을 실현하는 공간이 된다면 대안 학교는 필요 없다. 간디 학교 선생님들은 미래의 제도권 교육이 대안 교육의 모델들을 지향하는 사례가 되도록 하려는 목표와 책임감을 짊어지고 있었다.

나는 간디 학교가 품은 목표와 책임에 주목했다. 그렇다면 나는 꿈을 찾는 방법으로 어떤 '책임'을 져야 할지를 고민했다. 지금까지 마주한 수많은 선택이 해답을 가져다주었다. 나는 어려서부터 교육에 관해 다양한 선택의 기회를 얻었다. 그 덕분에 자퇴와 홈스쿨 그리고 대안 학교라는 새로운 길을 걸을 수 있었다. 내가 특별해서가 아니라, 자유롭게 고민하고 선택할 수 있는 환경과 이를 존중해 주는 사람들이 가까이 있어서 가능했다. 한마디로 운이 좋았다. 이에 대해 나도 책임감을 느끼기로 했다. 배움에 다양한 길이 있다는 사실을 알리고, 내가 몸소 겪은 길을 소개하며, 새로운 길에 대한 편견을 깨고 스스로 선택할 기회를 마련하는 책임 말이다. 이제 내 꿈을 묻는 이에게 자신 있게 대답한다. 길을 소개하는 사람, '길 소개꾼'이 꿈이라고.

어느 날 방송국 피디가 학교로 찾아왔다. 피디는 대안 교육에 대해 취재하고 싶다며, 당시 학생회장이었던 내게 인터뷰를 요청했다. 나는 그동안 방송에서 대안 교육을 다룬 프로그램을 본 적이 없었다. 방송 매체를 이용하면 수많은 사람에게 새로운 교육 방식을 널리 소개할 수 있겠다 싶었다. 나는 피디가 되어 길 소개꾼이라는 꿈을 이뤄 보기로 마음먹었다. 흔히 '책임'은 '자유'를 위한 기회비용쯤으로 여긴다. 그러나 내게는, 어느 틈에 '책임'이 바로 이루고 싶은 꿈이 되었다.

나는 대학 진학을 결심하고, 커뮤니케이션학부 신문방송학과에 들어갔다. 단순히 피디가 되려는 이유 때문만은 아니었다. 나는 '소통'하는 데 도움이 될 공부를 하고 싶었다. 내가 '올바르게 소통하는 방법'을 공부하려는 이유는 명확했다. 나는 내가 접해 온 다양한 교육 환경만이 정답이라고 생각하지 않는다. 나에게 행복했던 교육

모델이 모든 사람에게 적용되는 '행복 공식'은 아니기 때문이다. 무엇보다 제도권 교육에 익숙한 사람들에게 내가 그저 '다른 교육'을 받은 유별난 학생으로만 치부될까 걱정되었다. 내가 받은 교육 환경이 특수한 예외 상황으로 비친다면 내 이야기가 사람들에게 스며들지 않고 튕겨 나올 것만 같았다. 그런 관계에서 내가 생각하는 교육 이야기만 늘어놓는다면 내가 옳고 다른 것은 그르다는 방향으로 이어질지도 몰랐다. 이는 내가 바라던 길 소개꾼의 역할이 아니었다. 나는 딱 하나의 정답이 아닌 다양한 길로서 제도권 밖 교육을 이야기하고 싶었다. 그러기 위해 나부터 제도권 교육을 깊이 이해하려 애썼고, 대안 교육을 어떻게 소개해야 효과적으로 전달될지를 고민했다. 이러한 목적을 가지고, 내가 전하고 싶은 메시지를 효과적으로 전달하는 방법, 다양한 매체를 활용하는 방법을 공부하고 싶었다.

강연을 다니면서, 대학에 가고는 싶은데 어떤 과로 가야 할지 고민하는 고등학생을 많이 만났다. 나는 학과를 선택할 때 반드시 장래 희망과 관련 있는 학과를 고를 필요는 없다고 말해 주고 싶다. 자신이 좋아하는 학과가 있다면 가장 좋지만, 부족한 능력을 보완해 줄 학과를 선택하는 것도 좋은 방법이다. 적어도 복수 전공 제도를 활용하여, 본인이 배우고 싶은 학과 또는 부족한 능력을 키워 줄 학과를 선택하길 바란다. 우리가 학교에 가는 이유는 배우고 발전하기 위해서라는 점을 잊지 말자.

나는 대학교에 다니면서, 기업과 기관에서 진행하는 다양한 교육 프로그램에 참여했다. 내가 몰랐던 배움의 길은 훨씬 많았고, 길 소개꾼이 될 방법은 다양했다. 방송이라는 매체를 통해 많은 사람에게 이야기를 전달하는 피디도 좋았다. 하지만 10대 친구들을 멘토링 하면서, 청소년들과 일일이 눈을 마주치며 교육 현장을 오고 가는 길 소개꾼으로 생각이 좁혀졌다. 청소년에게는 자신의 이야기를 경청해 주고, 가까이서 마음을 다해 생각을 나누는 멘토가 필요하다는 생각이 들었다. 내가 바로 이런 10대의 마음을 이해하는 길 소개꾼이 되고 싶었다. 그래서 지금, 청소년들의 교실 밖 활동을 기획하는 청년기획단 '너랑'을 이끌고 있다.

'의사소통'이라는 단어에는 단순히 의미를 전달하고 전달받는 것이 아니라, '새로운 의미를 생산하고 이를 교환하는 과정'이라는 뜻이 있다. 내 이야기가 책을 읽는 여러분에게 새로운 의미를 가져다 줄 기회가 되면 좋겠다.

양념치킨이냐, 프라이드치킨이냐, 그것이 문제로다

내 이야기에는 '선택'이라는 단어가 많이 나온다. 게다가 선택 하나로 인생 방향이 이쪽저쪽으로 갈라지는 무거운 내용이었다. 그러나 선택이 날마다 무거운 것은 아니다. 선택이 특별한 순간에만 찾아오는 것도 아니다. 버스를 탈지 기차를 탈지, 산으로 갈지 바다로 갈지, 여행 계획을 세우는 순간에도 어느 하나를 선택해야 한다. 짜장면과 짬뽕 또는 양념치킨과 프라이드치킨 사이에서도 우리는 선택의 갈림길에 선다. 평범한 일상 속에서 쉽게 마주하는 선택마다 긴장하고 부담스러워하지 말자. 그렇게 살면 너무 피곤할 것 같다. 딱 한 가지. 선택의 주체인 '나', 바로 나의 마음에 집중하자는 것만 잊지 말자.

"양념치킨하고 프라이드치킨 중에 뭐가 더 좋니?"

멘토링 강연 때마다 멘티들에게 던지는 단골 질문이다. 조용하던 강연장은 이 질문 하나로 난리가 난다. 치킨은 단연 양념치킨이 최고라고 소리치고, 같은 걸 고른 친구끼리 하이파이브를 주고받기도 한다. 순식간에 강연장은 양념팀과 프라이드팀으로 나뉜다. 물론 간장치킨이 좋다는 친구도 있기 마련이다. 나는 이분법적인 사고는 좋지 않지만, 보기가 양념과 프라이드뿐이니 둘 중에서 고르길 부탁한다. 한 멘티에게 무엇을 좋아하느냐고 물었다. 그 학생은 마치 치킨이 눈앞에 있기라도 한 듯 행복한 표정으로 양념치킨을 더 좋아한다고 대답했다. 모두가 양념치킨을 좋아하는 친구에게 집중한 순간, 나는 이렇게 말했다.

"멘토 쌤이 보기엔 말이지, 넌 프라이드치킨이 정말 잘 어울려!

넌 프라이드치킨을 먹을 때가 가장 멋있고 귀여운 것 같아! 아니야, 넌 프라이드치킨처럼 생겼어!"

강연장이 웃음바다가 되었다. 나는 환하게 웃고 있는 멘티에게 아직도 양념치킨이 더 좋은지 물었다.

"당연하죠! 쌤이 아무리 그렇게 말해도 난 양념치킨이 제일 좋아요."

우리의 꿈은 어떨까? 지금 내가 바라는 꿈은 스스로 원하여 선택한 것이 맞을까? 혹시 부모님 또는 선생님이 나와 잘 어울린다고 생각하는 직업을 마치 스스로 꾼 꿈이라고 믿으며 부담스러워하고 있진 않을까? 좋아하는 것이 분명한 사람은 다른 이가 내게 좋다고 하는 것, 내게 어울린다고 하는 것에 영향받지 않는다. 애당초 좋아하는 것이 있는데 그것 말고 다른 것을 좋아하라는 말은 이해하기 어렵다. 물론 다른 사람이 건네는 조언이 의미 없다는 소리는 아니다. 나와 가깝고 나를 잘 아는 사람이 내가 가장 행복할 방법을 조언해 줄 수 있다. 진심 어린 조언에는 귀 기울일 줄 아는 자세도 필요하다. 그러나 이때도 내가 무엇을 좋아하는지 분명해야 조언의 핵심을 효과적으로 해석하여 받아들일 수 있다.

다시 시끄러운 강연장으로 돌아가자. 양념팀과 프라이드팀을 조용하게 만드는 방법이 있다. '양념 반, 프라이드 반'이라는 해결책이다. 이 밖에도 짬짜면(짬뽕+짜장면)과 비빔물냉면(비빔냉면+물냉면)은 선택의 갈림길에 솟구친 갈등을 평화롭게 해결하는 존재다. 양념 반 프라이드 반의 사진을 보고 장내에서 박수를 치는 멘티들도 있다. 그러나 음식처럼 반반이 될 수 없는, 딱 피하고 싶은 선택이 학생들 앞에 있다.

'놀이'와 '공부', 이 둘은 반반이 없다. 시끄럽고 활기찼던 강연장은 금세 근심과 불안감으로 뒤바뀐다. 그리고 이내 나를 향한 눈빛에 간절한 메시지가 전해진다. 무엇을 선택해야 하는지 정답을 알려 달라고. 그러나 나는 결정을 내려 주지 않는다. 대신 양념치킨과 프라이드치킨 중 좋아하는 것에 번쩍 손을 들었던 자신을 떠올리라고 말한다. 좋아하는 치킨을 결정했던 찰나의 순간, 자신이 진심으로 원하는 것을 자신 있게 선택하고 행동했다. 스스로 생각하고 결정하는 주체적인 자세야말로 어려운 선택 속에서 근심과 불안함을 극복하는 첫 단계다.

주체적인 선택으로 이끄는 24시간 꿈 시간표

강연장에서 초등학생에게 꿈이 무엇이냐고 물으면, 축구 선수, 프로그래머, 아나운서, 변호사, 아이돌, 물리학자, 작곡가, 외교관, 파일럿 등 다양한 직업이 등장한다. 반면, 고등학생은 상황이 다르다. 이들이 가장 기피하는 질문은 바로 꿈을 묻는 거다. 고3이 다가오고,

실기 평가나 대학 입시 같은 실질적인 과제를 코앞에 둔 학생들에게, 자기도 당최 모르겠는 꿈 이야기는 부담스럽기만 하다. 결과가 좋아야만 자신 있게 이야기할 수 있는 사회는 이미 청소년에게도 유효한 현실이다.

내가 만난 멘티들의 꿈에 공통점이 하나 있다. 꿈이 꼭 한 장의 사진 같다는 점이다. 피겨 스케이팅 선수를 꿈꾸는 학생은 김연아 선수가 메달을 받는 장면을, 축구 선수를 꿈꾸는 학생은 손흥민 선수가 멋지게 골을 넣는 장면을 머릿속에 그리고 있다. 의사가 꿈인 친구는 어려운 수술 끝에 환자의 생명을 구하는 장면을 그리고 말이다. 꿈은 이렇게 꾸는 것일까?

수많은 10대가 미래에 어떤 삶을 살지 나는 모른다. 하지만 예언 하나를 하겠다. 미래에도 분명, 하루는 24시간일 것이다(음, 예언치고는 싱겁다는 것을 인정하는 바이다)! 지금과 똑같이 하루가 24시간일 미래의 삶에서는 아침에 일어나 밥을 먹고, 친구를 만나는 일상이 없을까? 이쯤에서 꿈을 어떻게 선택해야 할지 해법을 원하는 이에게 꿈을 설계하는 방법을 제안해 본다.

우리의 삶은 단지 사진 한 장으로 대체될 수 없다. 그렇기에 '꿈의 24시간'을 디자인해 보는 거다! 방학을 맞이할 때마다 그렸던 동그란 시계 모양 계획표처럼, 미래의 내가 오전 10시에는, 오후 7시에는 어떤 시간을 보내는 사람이 되고 싶은지 생각하여 시간표를 짜

보자. 이를테면, '나는 오전 10시에는 음악을 듣는 삶을 살고 싶다.' '오후 7시에는 가족과 함께 저녁 식사를 하는 삶을 살고 싶다.'처럼, 내가 함께하고 싶은 것들로 충만한 하루를 디자인하자. 이런 작업은 미래의 삶을 그리는 데 좋은 연습이 된다. 또 내가 꿈꾸는 직업의 역할뿐 아니라, 그 직업을 가진 사람은 24시간을 어떻게 살아가는지 알아보는 것도 꿈을 찾아가는 과정에 큰 도움이 된다.

모험가, 피디 그리고 '너랑'의 멘토까지, 시간이 지나면서 내 꿈은 달라졌다. 그러나 그 꿈들은 모험이 있는 삶, 배움이 있는 삶, 10대와 함께하는 삶이라는 나만의 '24시간 꿈 시간표'에 지금도 포함되어 있다. 불확실한 미래와 직업 선택에 두려워하지 말자. 먼저 내 삶에서 함께하고 싶은 것들로 24시간을 꽉꽉 채워 보자. '일'이 있는 삶보다 '나'가 있는 삶을 꿈꾸길 바란다.

인생은 B와 D 사이의 C다

프랑스의 철학자인 장 폴 사르트르는 인생이란 태어남(Birth)과 죽음(Death) 사이에 마주하는 끊임없는 선택(Choice)이라고 표현했다. 우리가 강연장이나 책을 통해 만난 것도 인생의 수많은 경우의 수 중 선택이 일치했기에 가능한 일이다. 주체적인 선택은 주체적인 인생을 결정한다.

사르트르의 말을 빌려 내가 생각하는 인생을 표현하자면, 인생은 B(irth)와 D(eath) 사이의 C(hoice)이며, 동시에 C(ommunication), 즉 소통이다. 결국, 자신이 선택할 수 있는 경우의 수들은 다른 사람과 나누는 관계와 대화 속에서 나타난다. 특히 주체적으로 선택하는 과정에서 자신과의 소통이 가장 중요하다. 공동체 사회 속에서 주체적인 삶은 '나'라는 분명한 존재가 '너'라는 존재를 존중하고 소통함으로써 완성된다.

이 책을 다 읽고 나면 이제 무엇을 하겠는가? 멍하니 시간을 보내거나 지루해할 틈이 없다. 세상을 즐겨 보자! 몇 가지 아이디어를 떠올려 보고 선택해 보자. 내가 내 삶 속 주인공이 될 수 있도록!

손 번쩍!

질문 있어요!

Q 학교를 자퇴하겠다고 말했을 때, 부모님이 곧바로 허락해 주셨나요? 어떤 방법으로 부모님을 설득했는지 궁금해요.

A 자퇴를 쉽게 허락해 주실 부모님이 얼마나 될까요? 저희 부모님도 제 이야기를 듣자마자 자퇴를 허락해 주신 건 아니에요. 부모님은 제게 자퇴를 선택하는 '분명한 이유'를 물어보셨어요. 무척 어려운 질문이었죠. 제대로 대답하지 못할 경우, 그저 학교생활이 힘들어서 투정부리는 거라고 생각하실 테니까요.

저는 자퇴를 결심하기까지 학교에서 1년 동안 무엇을 느끼고 고민했는지 구체적인 사건을 들며 자세히 말씀드렸어요. 당시 제가 느꼈을 감정에 '공감'하실 수 있도록 말이에요. 부모님께서 오랜 고민 끝에 제 결정을 이해하시고 응원과 도움을 주신 데에는 '공감'이라는 부분이 가장 중요했다고 생각해요.

결국 내 선택이 존중받기 위해서는 오랫동안 스스로 고민하고 느껴 온 구체적인 생각들이 반드시 필요해요. 여러분이 스스로 선택한 것을 부모님께 존중받고 싶다면 이렇게 이야기를 시작해 보면 어떨까요?

"엄마, 아빠! 저 그동안 제가 겪어 온 일과 어떤 생각을 해 왔는지를 말씀드리고 싶어요. 잠시 제 이야기에 마음을 열고 들어 봐 주셨으면 해요. 저에게는 공감이 필요해요."

Q 살면서 가장 후회되었던 선택이 있었나요?

A 물론 있죠. 바로 '말실수'예요. 말실수가 선택과 무슨 상관이냐고요? 다른 사람과 대화를 나누려면 어떤 방식으로 이야기할지를 선택해야 해요. 눈을 마주보며 이야기할지, 편지를 쓸지, 메일을 쓸지, 전화를 할지, 휴대 전화로 문자를 보낼지 등을 말이죠. 이야기를 나누는 중에도 끊임없이 단어와 문장을 선택해야 하고요.

저는 일상에서 이야기를 나눌 때 선택의 중요성을 잊고 친구나 부모님에게 상처가 될 수 있는 말을 많이 한 것 같아요. 여러분도 말로 누군가에게 상처를 준 경험이 있나요?

우리는 '말실수'로 인해 후회할 일을 만들지 않기 위한 방법을 찾아야 해요. 제가 생각하기에 말 잘하는 방법은 간단해요. 바로 '열 살짜리 친구도 이해할 수 있게 말하기!'예요. 열 살짜리도 이해하게 말하려는 태도에는 상대방에 대한 '배려'가 깃들어 있거든요. 또 어려운 얘기를 쉽게 하려면 마음속으로 한 번 더 생각해야 하고요. 나보다 훨씬 어린 친구까지도 고개를 끄덕이면서 경청하게 만드는 말하기. 상대방을 배려하고 공감을 이끌어 내는 비법이라고 생각해요. 생각을 정리해서 쉽게 말하는 연습을 해 보세요. 분명 말실수가 줄어들 겁니다!

Q 어떻게 하면 전공 선택에 후회가 없을까요?

A 전공이 곧 직업을 결정짓는다는 생각에서 벗어나세요. 영화 〈인사이드 아웃〉을 본 적 있나요? 주인공 마음속에 등장하는 다양한 '섬'처럼, 나에게 부족하거나 꼭 갖고 싶은 섬(배움)을 찾을 수 있는 곳으로 전공을 선택하길 바랍니다. '대학을 졸업하는 시점에 소통을 잘하는 능력을 갖추었으면 좋겠다.'라는 목표를 가지고 신문방송학과를 선택했던 저처럼, 여러분이 얻고 싶은 능력, 배움을 중심으로 생각한다면 후회 없는 주체적인 선택이 가능할 거예요.

대학에서 공부하면서 진로를 결심했을때, 그때는 꼭 진로와 관련된 공부를 하세요. 대학에는 '복수 전공'이나 '다전공 제도'가 있어요. 입학할 때 선택했던 전공 말고도 다른 학과를 함께 공부할 수 있는 시스템이지요. 이 밖에도 관련 학과 교수님을 찾아가 질문하거나 청강하거나, 독학을 해 보는 열정이 필요해요. 내가 꼭 이루고 싶은 진로인데, 이 정도 정성은 당연하겠죠?

나의 만 가지 실수

최은혁

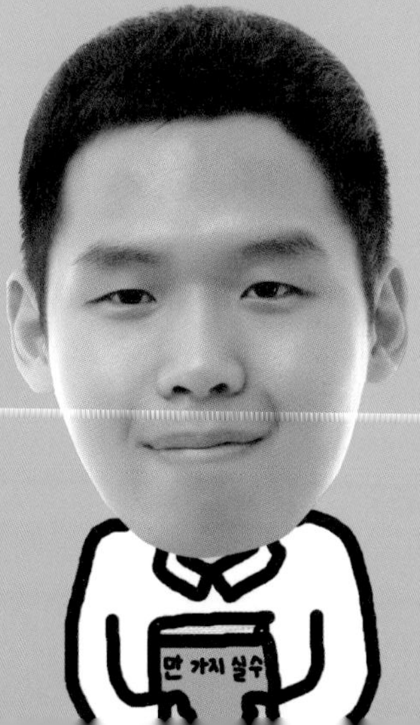

최 은 혁 멘토

건국대학교 경영학과
너랑 제작팀장

세상에는 외향성을 강조하는 사람이 많다. 하지만 내향적인 사람도 자신을 자신답게 표현하면 행복할 수 있음을 내 이야기로 보여 주고 싶다. 매사에 내성적이고 서툴렀던 나도 실수를 두려워하지 않고 도전하기로 마음먹으면서 나 자신을 찾아갔다. 누구나 이 글을 읽고 "최은혁도 하는데, 나라고 못 하겠나!" 하고 생각하면 눈물 나게 행복할 것 같다.

난 혼자가 좋아

나의 어린 시절은 이별의 연속이었다. 일곱 살 때부터 정든 유치원을 떠나 친구들보다 1년 빨리 초등학교에 입학해야 했다. 지금은 모두가 부러워하는 빠른 년생이었기 때문이다. 당시 나는 태어나서 처음으로 정을 나눈 친구들과 헤어지기 싫어서 울음을 멈추지 않았다고 한다.

생애 첫 이별의 아픔도 잠시, 초등학교에 다니면서 네 번을 전학했다. 그때부터였다. 세상에 태어난 지 10년도 안 되어 혼자가 편해졌다. 전학은 엄청난 '사건'이 아닌 '일상'이 되었고, 친구를 사귈 마음도 점점 사라져 갔다. 태권도, 피아노, 미술 등 여러 학원에 다니던 형과는 달리 나는 학원도 다니지 않았다. 부모님은 일하러 가시고 형마저 학원에 가면 나는 늘 집에서 혼자였다. 지금 생각해 보면 혼자를 편하게 여겼다기보다, 누군가와 함께한다는 것을 불편하고 어색해했는지도 모른다. 오죽했으면 내가 좋다고 따라다닌 여자아이의 고백까지 마다했을까. 단둘이 있으면 어색할까 봐 걱정된다는 이유로 말이다. 이 일을 지금까지도 후회하는 중이다!

월드컵이 열리고 붉은 악마로 가득하던 2002년, 나는 네 번째 초등학교에서 마지막 6학년을 보내러 노원동으로 이사 갔다. 그곳에서 엄마한테서 믿을 수 없는 이야기를 들었다.

"은혁아, 이제 우리 여기서 계속 살 거야."

그렇다. 끝날 것 같지 않던 전학이 끝났다. 혼자를 즐겼던 내게 누군가와 함께할 이유가 생겼다. 문제는 혼자만 지내 오다 보니 친구를 어떻게 사귀어야 할지 도통 알 수가 없었다. 천만다행으로 당시 모두가 월드컵으로 하나가 된 분위기를 타, 나도 'BE THE REDS'라고 적힌 빨간색 티셔츠를 입고 친구들과 얼렁뚱땅 하나가 되었다.

월드컵이 끝나고 중학생이 되자, 나는 쏜살같이 혼자인 생활로 돌아갔다. 친구를 사귀겠노라고 작정하고 학교에 가니 마음이 더 불편했다. 질풍노도의 시기에다 중2병에 걸렸는지, 말 한 마디 한 마디가 신경 쓰였다. 귀에 들리는 말마다 혹시 나를 두고 하는 말은 아닐지 신경이 곤두섰다. 내가 무슨 말실수라도 할까 봐 두려웠다. 관계 맺기에 서툴다는 사실을 인정하지 않고 잘하려고만 하니 갈수록 예민해졌다. 하루는 내가 건넨 농담에 친구가 "야, 은혁아, 진짜 재미없다."라고 말했다. 나를 빼고 아무도 기억하지 못하는 이 사건을 일기장에 적고 온종일 떠올릴 정도였다. 일상생활이 불가할 지경이었다. 이렇게 누군가와 함께하는 것이 두렵고 서툴렀던 내게 한 가지 중요한 사건이 일어났다.

사람들은 모두 똑같다

2005년, 뜨겁다 못해 화상 입을 정도로 무더웠던 여름날, 나는 친구한테 생일 초대를 받았다. 중학교 3학년, 열다섯 살에 이르러 처음으로 친구 생일 파티에 가기로 한 그날 하루 얼마나 기뻤는지 모른다. 친구들도 내가 기뻐하는 줄 알았을까? 있을 수 없는 일이었다. 행여나 생일 파티에 처음 가는 촌놈으로 비칠세라 애써 기쁨을 억눌렀다. 그렇게 표정 관리를 하며 나의 몇 없는 친구들과 치킨을 사 들고 생일 맞은 친구네 집을 향해 엘리베이터에 탔다. 그런데 그 좁은 엘리베이터 안에는 나와 정반대인 친구가 있었다. 바로 우리 반 반장, 한규였다.

한규는 나와 성격이 정반대였다. 기쁘면 기쁘다고 표현하고, 화나면 불같이 화내는 아이였다. 당당하게 자기감정을 드러내는 한규가 부러웠다. 기분파 한규는 엘리베이터가 올라가는 짧은 시간에도 기뻠을 표현하고 싶어 온몸이 근질근질한 모양이었다. 기쁨을 나타내는 행위 예술로서, 별안간 방방 뛰기 시작했다. 순간 생일 파티를 앞두고 들떴던 내 마음은 두려움과 공포로 가득 차기 시작했다. 물론 표정 관리는 계속되고 있었다. 그저 속으로 '혹시 엘리베이터가 멈추기라도 하면 어떡하지?' 하고 불안에 떨었다. 왜 불길한 예감은 틀린 적이 없을까. 14층에서 15층으로 올라가려던 순간, 엘리베이터가 덜컥 멈추고 말았다.

엘리베이터 안은 정적에 휩싸였다. 모두가 처음 겪는 일이었다. 지금에야 당장에 스마트폰부터 꺼내 들겠지만 그때는 바깥세상과 연락을 취할 수단은 비상벨뿐이었다. 한 친구가 비상벨을 조심스럽게 눌렀다. 두려움은 오래가지 않았다. 모두 비상벨 응답만 오면 무사히 탈출할 수 있을 거라 생각하며 농담을 주고받았다. 물론 최은혁만 빼고 말이다.

비상벨을 누른 지 십 분쯤 지나서야 경비 아저씨가 응답했다.

"얘들아, 조금만 기다려 봐! 곧 꺼내 줄게!"

'곧'이 의미하는 시간이 사람마다 다르다는 사실을 그때 배웠다. '곧' 오신다던 경비 아저씨는 30분이 지나도 오지 않았다. 30도가 넘는 여름날, 중학생 여섯 명이 좁은 엘리베이터에 갇히다 보니 땀이 비 오듯 쏟아졌다. 문득 한 친구가 내뱉은 한마디에 우리는 공포에 질렸다.

"야, 공기가 부족한 것 같아. 나, 숨이 안 쉬어져!"

'곧' 탈출할 거라며 느긋했던 공간에 호흡 곤란 증세가 전염병처럼 퍼졌다. 한 친구는 숨 좀 쉬어 보겠다고 엘리베이터 문의 좁은 틈새로 코를 갖다 대었다. 과학을 잘하던 친구는 치킨 무에 맺힌 수증기에 산소가 있다며, 치킨 무 봉지에 얼굴을 비비기 시작했다. 끝까지 당당했던 사건의 주범 한규도 사태의 심각성을 깨달은 듯 "미안하다, 얘들아."를 중얼거리며 가쁜 숨을 내쉬었다. 친구들이 어떻게든 숨 쉬려고 바쁘게 움직이던 때에도, 한 명만은 죽은 듯이 가만히 있었다. 바로 나, 최은혁. 나는 속으로 한마디만 중얼거리고 있었다.

'제발 탈출하게 해 주세요.'

내 간절한 기도가 통해서였을까. 엘리베이터에 갇힌 지 한 시간이 흐른 뒤 마침내 구출 작전이 시작되었다. 드디어 엘리베이터 문이 열렸다. 고개를 들어 보니 15층에서 소방관 아저씨가 우리에게 손을 뻗고 있었다. 우리는 지시에 따라 차례차례 15층으로 무사히 탈출했다.

우리는 아무 일도 없었다는 듯 치킨을 먹으며 생일 파티를 즐겼다. 친구들에게 계속 사과하던 한규는 그새 다 까먹었는지 매사에 당당한 한규로 돌아가 있었다. 치킨 무 봉지에 얼굴을 비벼 대던 과학 영재도 쩝쩝거리며 치킨 무를 맛있게 먹고 있었다. 나만 일상으로 돌아가지 못한 모양이었다. 엘리베이터에 갇힌 기억은 지금까지도 내 몸속 깊숙이 새겨져 있다. 바로 폐소 공포증이라는 증상으로.

그날 이후로 고층 엘리베이터를 타는 일은 일상이 아닌 도전이 되었다. 높은 층이 아니면 계단으로 걸어서 올라갔다. 지하철에서는 누가 내 옆에 앉기만 해도 답답함이 밀려와 자리에서 일어선다. 비행기는 말할 것도 없다. 성인이 되어 비행기를 탔을 때 남몰래 유언을 적었을 정도다. 하지만 엘리베이터 사건이 내게 폐소 공포증만 남긴 건 아니다. 한 가지 깨달음도 얻었다. 바로 '사람들은 모두 똑같다.'라는 것.

나는 나를 표현하기가 두려웠다. 기쁠 때는 나 혼자만 기뻐하는가 싫어 표현하지 못했고, 두려울 때는 나 혼자만 두려워하는가 싫어 드러내지 못했다. 내가 남과 다르다는 것이 '다름'이 아닌 '틀림'으로 비칠까 봐 무서웠다. 나만 남과 다를까 봐 전전긍긍했다. 그런데 엘리베이터 안에서는 아니었다. 생일 파티를 하러 올라가는 순간에는 나뿐만 아니라 모두가 신나고 들떴다. 엘리베이터에 갇힌 동안에는 모두가 무서워하고 두려움에 떨었다. 치킨을 먹는 순간에는 모두가 웃고 떠들며 탈출을 기뻐했다. 생일 파티가 끝나고 집으로 돌아가던 길에 지난 15년간의 삶이 어이없게 느껴졌다. 같은 생각만 내 머릿속을 맴돌았다.

'그동안 왜 그렇게 남들 시선에 신경 쓰고 살았을까.'

사람들의 감정과 생각이 나와 별반 다르지 않다는 걸 깨달은 순간, 세상의 모든 사람이 동지처럼 느껴졌다. 더는 듣기만 하는 아이가 되고 싶지 않았다. 나도 내 감정을 당당히 표현하고 말하고 싶어졌다. 다음 날, 우리 반은 엘리베이터 사건으로 뜨거웠다. 예전 같으면 내가 겪은 일도 남 일처럼 잠자코 있었을 내가, 그날에는 누구보다 먼저 당시 상황을 친구들에게 들려주고 있었다. 더는 내 감정을 표현하기가 두렵지 않았다. 세상에 그 누구도 남보다 월등히 우월하거나 현저히 열등한 사람은 없기 때문이다. 누구나 극한의 상황이 오면 무섭고 거기서 벗어나면 기쁘지 않은가!

그 뒤로 중학교 3학년은 내 학창 시절을 통틀어 가장 신나고 재밌었던 기간이다. 늦게 배운 도둑질이 무섭다고, 친구들과 어울리는 맛에 빠진 나는 온종일 친구들과 함께했다. 마치 뽀로로처럼 "난 노는 게 제일 좋아!"를 외치며 지냈다. 엘리베이터에 함께 갇혔던 친구들과는 강한 동지애도 생겼다. 15년 만에 처음으로 학교라는 공간이 우리 집 안방처럼 편했다.

지금도 중학교 동창을 만나면 엘리베이터 사건부터 이야기를 꺼낸다. 아마 그때 갇힌 사건은 내 인생에서 가장 무서우면서 가장 행복했던 사건이 아닐까 싶다. 물론 또다시 갇히고 싶지 않다. 깨달음을 얻는 방법으로 추천하고 싶지도 않다!

도대체 어디로 가야 할까

개구리 올챙이 적 모른다는 속담은 나를 두고 하는 말이었다. 그동안 혼자 지낸 한을 풀기라도 하듯, 친구들과 중학교를 휘젓고 다녔다. 하지만 이 행복은 오래가지 않았다. 어느 고등학교로 갈지 결정해야 하는 순간이 닥쳐왔다. 내 생애 첫 주체적 선택의 순간이었다. 그동안 나라에서 가라는 학교만 갔던 나다. 그런데 고등학교는 인문계고, 외국어고, 과학고, 특성화고 등 종류도 다양했다. 자신의 적성과 관심사에 따라 고등학교를 정하면 된다. 이렇게 중요한 순간이 찾아왔건만.

'잠깐, 내 적성은 뭐지? 관심사는 뭐지? 나는 누구지?'

그렇다. 태어나 15년이 지나도록 나에 대해 진지하게 생각해 본 적이 없었다. 내가 어떤 성격인지, 무엇을 잘하는지, 무엇을 좋아하는지 나도 몰랐다. 나는 내 짧은 인생을 돌아보았다.

사람들은 말한다. 학생의 본분은 공부라고. 하지만 나는 공부의 '공' 자도 모르는 아이였다. 학원에는 발도 들이지 않았고, 성적은 하위권을 맴돌았다. 외국어고, 과학고는 물론이요, 인문계 또한 나와 어울리지 않는 곳이었다. 인문계로 가면 꼭 공부해야 할 것만 같은 불길함이 느껴졌다.

그렇다면 이제 남은 건 특성화 고등학교뿐. 말 그대로 미디어, 요리, 관광 심지어 게임까지, 한 분야에 특화된 인재와 직업인을 양성

하는 고등학교다. 특성화고에 가면 내가 좋아하는 한 분야를 집중적으로(물론 온종일 이것 하나만 배우진 않는다) 배우고 체험할 수 있다. 때마침 특성화고 재학생이 우리 학교에 와서 홍보회를 열었다. 수많은 고등학교 중 내 마음을 사로잡은 곳이 있었으니, 바로 조리 전문 고등학교였다. 그 설명회를 접하자마자 속으로 외쳤다.

'그래, 내가 갈 곳은 바로 여기야!'

우리 아빠는 안양에서 유명한 갈빗집을 운영하셨다. 엄마도 태릉 선수촌에서 국가 대표를 위해 요리하셨다. 부모님 모두 요리를 업으로 삼고 계시니, 그동안 보고 듣고 배운 것도 요리였다. 두 분이 맞벌이하셨기 때문에 나 혼자 집에서, 때로는 형과 둘이 요리를 만들어 먹곤 했다. 본인이 좋아하는 걸 하고, 사람들이 맛있게 먹어 주고, 돈도 번다니! 이보다 더 내게 어울리는 분야는 없었다.

자, 그렇다면 나는 조리 전문 고등학교에 갔을까? 안타깝게도 아니다. '인생 혼자'를 좌우명 삼아 살다가 뒤늦게 친구들과 함께하는 삶의 기쁨을 맛본 터였다. 그런데 눈을 씻고 찾아봐도 조리 전문 고등학교에 가겠다는 친구는 하나도 없었다. 영원히 함께할 것 같았던 친구와 떨어져, 낯선 환경을 혼자 이겨 낼 자신이 없었다.

또 부모님은 공부 잘하는 형을 좋아하셨다. 그런 모습을 보니, 행여 내가 공부를 안 한다고 하면 내게서 등을 돌리실까 봐 두려웠다. 부모님은 집안을 이끌어 갈 형이 무난히 모범생 단계를 밟아 갔기 때문에, 내게는 늘 "은혁아, 너는 너 하고 싶은 일을 해!" 하시며 관대하셨다. 하지만 나에게 이보다 더 무서운 말은 없었다. 뭘 하고 싶은지 나도 모르겠는데 하고 싶은 걸 하라니!

엘리베이터 사건을 겪은 뒤 나를 지탱해 주던 한마디는 '사람들은 모두 똑같다.'였다. 그런 내가 조리 전문 고등학교에 들어가 친구와 또 우리 형과 다른 길을 가는 사람이 된다는 게 두려웠다. 나에게 힘을 주던 한마디가 독이 되어 돌아온 것이다.

결국 친구들이, 우리 형이 그러했듯, 주변 사람들과 똑같은 길을 택했다. 나는 울며 겨자 먹기로 인문계 고등학교를 택했다.

한 표, 은혁

공부를 질색한 내가 인문계를 택한 건 오로지 친구들 때문이었다. 그러나 세상은 호락호락하지 않았다. 나는 우리 동네에 널려 있던 숱한 고등학교를 제치고, 들어갈 가능성이 가장 희박하다는 상명고등학교에 입학했다. 내가 다닌 중학교에서 상명고로 들어간 학생은 열 명도 채 안 되었다. 당연히 나와 친했던 친구는 단 한 명도 없었다! 친구들과 떨어지기 싫어 울며 겨자 먹기로 택한 인문계 고등학교는 나를 원점으로 돌려놓았다.

이것도 모자라 상명고는 우리 동네에서 유일한 남녀 공학이었다.

사춘기를 보내며 남자와 여자의 차이를 명확히 인식해 버린 차에, 고등학교에서 여자와 반을 함께 쓴다는 사실은 더없이 불편하게 느껴졌다. 친구가 아닌 남자로서도 잘 보여야겠다는 압박도 있었다. 그렇다고 여기서 주저앉을 수는 없었다. '사람들은 모두 똑같다!'를 되뇌며 겉으로는 당당한 척 학교에 다녔다.

학기 초면 늘 그렇듯 학급회장 선거가 있다. 물론 나와는 먼 동네의 이야기다. 그런데 선생님이 회장 후보 이름을 부르시는데, 갑자기 익숙한 이름이 들렸다. 설마, 잘못 들었겠지 하며 후보 이름이 적힌 칠판을 보는데, 이게 대체 무슨 일인가! 최,은,혁. 내 이름 석 자가 똑똑히 적혀 있는 게 아닌가!

모두 알겠지만, 회장 선거 출마는 자진 출마와 추천으로 이루어진다. 알고 보니 같은 중학교에서 올라온 친구 중 나와 같은 반이었던 아이가 나를 추천한 것이다. 심지어 나와 친하지도 않았는데 말이다. 내 속도 모르고, 그 친구는 방긋 웃으며 나를 응원하고 있었다.

회장 후보가 연설하는 시간이 닥쳤다. 내 차례를 기다리는 시간이 엘리베이터에 갇혀 있던 시간보다 더 길게 느껴졌다. 그동안 속으로 이렇게 다짐했다.

'그래, 이왕 이렇게 된 일, 한번 도전해 보자!'

드디어 내 이름이 호명되고, 쭈뼛쭈뼛 교실 앞으로 나갔다. 나를 쳐다보는 친구들을 보고 있자니 내 다짐은 저만치 사라졌다.

"어, 저는 회장을 할 생각이 없어서…… 그러니까 아무도 뽑지 말아 주세요."

내 자리로 돌아가는데 모두 나를 이상하게 봤을까 봐 두려웠다. 열 살의 서툴렀던 최은혁으로 돌아간 기분이었다. 너무나도 착한 우리 반 친구들은 내 말마따나 아무도 나를 뽑지 않았다. 딱, 한 표. 나를 추천해 줬던 중학교 친구의 표였다.

"야, 은혁아, 한번 도전해 보지 그랬냐!"

친구는 아쉬워했고, 나는 너무나도 창피했다. 주어진 상황에 부딪혀 보지도 않고 겁쟁이처럼 도망쳤다. 나 자신도 나를 뽑지 않았다. 내가 나를 응원하지 않는데 누가 나를 응원해 줄까. 새로운 환경에서 잘해 보자던 다짐은 다시 내 마음 깊은 곳으로 가라앉았다. 아무도 모르는 바닷속으로 가라앉는 기분이었다.

내게 필요한 건 '미친 짓'

나는 공부 앞에서도 위축되었다. 반 친구들은 대부분 쉬는 시간에도 숙제하기 바빴고, 학교가 끝나면 자습하거나 학원에 갔다. 내가 원한 건 이게 아닌데. 나는 친구들과 어울리고 싶었지만 공부에 관심이 없다 보니 내가 끼어들 틈이 없어 보였다. 회장 선거의 아픔과 관심 없는 공부로, 바닷속을 넘어 우주 밖으로 나가떨어진 기분이었다. 학교에서 내 존재를 없애고 싶었다. 아무도 나를 신경 쓰지 않았으면 했다. 그래서 학교에서 잠만 잤다. 수업 시간에도 자고 쉬는 시간에도 자고 종 치자마자 집에 갔다. 이렇게 고등학교 1학기는 잠만 자다가 끝나고, 여름 방학이 시작되었다. 나는 1학기 내내 오매불망 방학만 기다렸다. 고등학교는 적응하지 못했지만 나와 고난의 순간을 함께했던 중학교 친구들이 있었기 때문이다. 그러나 나와는 달리 내 친구들은 이미 고등학교에서 많은 친구를 사귄 뒤였고 대부분 학원에 다녔기 때문에 만나기가 쉽지 않았다.

방학 내내 온종일 텔레비전만 보며 하루를 보냈다. 특히 개그 프로그램을 즐겨 봤는데, 어느 프로그램에서 이상한 사람이 거리에서 소리를 지르고 다녔다. 바로 개그맨 유세윤이었다. 유세윤은 개그 코너에서 미친 사람처럼 길거리에서 사람을 붙잡고 소리를 지르다 못해, 한술 더 떠 너무나도 행복하게 웃어 대고 있었다. 모두가 이 장면을 보고 웃고 나도 배를 잡고 웃었다. 그런데 웃고 나니, 나 자신이 처량했다. 텔레비전 속 유세윤과 텔레비전을 보는 최은혁은 정반대의 사람이었기 때문이다. 내 중심은 내가 아닌 사람들의 시선이었다. '사람들은 모두 똑같다.'는 말도, 내가 남과 똑같다는 이유로 당당해진 것뿐이었다. 공든 탑도 무너진다는데, 나를 중심으로 하지 않은 신념이 풀썩 내려앉는 건 불 보듯 뻔한 일이었다. 나는 요리를 좋아했고, 회장도 해 보고 싶었지만 사람들이 응원해 주지 않을까 봐 말도 꺼내지 못했다. 이 두 가지 사실을 아는 사람은 나밖에 없었다. 나조차 이를 응원하지 않고 내 진심을 부정했다.

그런데 유세윤은 어떤가! 그는 소리조차 당당하게 내지르는 사람이었다. 그것도 매우 즐기면서. 나는 유세윤이 되고 싶었다. 유세윤처럼 당당해지고 싶었다. 누가 나를 신경 쓰든 말든 내가 하고 싶은 일을 하고 싶었다. 방학 내내 유세윤 영상만 찾아보았다. 남들 눈에 어떻게 비치든 매사에 당당하게, 소위 '미친 짓'을 하는 그를 보면 볼수록 내 열망은 커져만 갔다. 남과 똑같이 행동하지 않고, 내가 하고 싶은 것을 진정으로 하고 싶었다. 그때 내게 무엇이 필요한지를 깨달았다. 나는 다짐했다. 실수하자고!

그동안 나는 타인의 시선이 두려워 아무것도 하지 않았다. 남들 시선을 신경 쓰느라 실수를 저지르느니 차라리 행동하지 않는 길을 택했다. 그러니 그동안 아무것도 하지 않은 채 잠만 자고 텔레비전만 보던 내게, '실수'란 타인의 시선에 흔들리지 않고 도전하고 용기 낸 자만이 당당히 쟁취할 수 있는 성과물로 여겨졌다. 나는 마음껏 실수하며 타인의 시선에서 자유로워지기로 마음먹었다. 나를 나의 시선으로 바라보기로 다짐했다.

실수 따위 아무렇지도 않아!

이왕 실수하기로 한 거, 통 크게 '만 가지 실수'를 하겠노라고 결심했다. 처음부터 큰 실수를 할 수는 없었다. 나는 작은 실수부터 차근차근 저지르기로 했다. 먼저 노래도 못하면서 노래방에 가서 가장 먼저 마이크를 잡는 실수를 저질렀다. 썰렁할 줄 알면서 친구들에게 자신 있게 농담을 던지고, 공도 못 차면서 축구 시합을 할 때 자진해서 승부차기에 나서는 실수를 자처했다. 행여나 남들 앞에서 잘못할까 봐, 실수할까 봐 그동안 전혀 해 보려고도 하지 않았던 일들이었는데, 세상에, 웬걸! 실수를 저질러 보니 내게 누구도 뭐라 하는 친구가 없었다. 그동안 '그러지 말걸.' 하고 혼자 끙끙댔던 일을 친구들은 기억조차 하지 못했다. 회장 선거 때 "아무도 뽑지 말아 주세요."라고 말하고는 친구들이 나를 이상하게 볼까 두려워했던 일도 친구들에게는 그저 지나가는 일상 중 하나일 뿐이었다. 나는 실수를 하나둘 마음껏 저지르면서 친구들의 시선에서 자유로워졌다. 도전이 편해졌고 실수해도 아무렇지도 않았다.

잃어버렸던 일상이 차츰 회복되었다. 남들 시선에서 벗어나 내 뜻대로 일상을 일궈 가니, 친구들과도 자연스럽게 어울리기 시작했다. 평생 말도 못 섞을 것 같던 여자아이들과도 사이가 편해졌다. 좋은 관계란 나를 남에게 맞추는 게 아니라, 나 자신을 있는 그대로 표현하는 데서 시작한다는 사실을 깨달았다. 모두에게 사랑받을 수는 없다. 그러나 단 한 명이라도, 내 모습 그대로 나를 좋아해 주리라는 믿음이 생겼다. 그동안 사람들과 어울리지 못했던 건 내가 어떤 사람인지 표현하지 못했기 때문이다. 사람들이 나를 좋아해 주지 않은 것이 아니라, 나를 몰랐던 것이다. 내가 나를 숨기는데 누가 나를 알아보고 좋아해 줄 수 있을까. 사람들의 시선에 얽매였던 내 삶이 주마등처럼 스쳐 지나가는 속에, 나는 누구보다 격렬하고 치열하게 친구들과 어울리기 시작했다.

실수 바로잡기!

고등학교 3학년이 코앞에 다가왔을 즈음, 두 단어가 떠올랐다. '회장'과 '공부'. 고등학교 1학년 때 나를 저 멀리 우주 밖 안드로메다로 밀어낸 단어이자, 실수해 봐야 할 도전이었다. 내 삶에 오점으로 남은 이 두 가지를 바로잡기로 마음먹었다.

고등학교 졸업이 딱 1년 남은 상황이었다. 언제까지 친구들과 놀기만 할 수 없었다. 막막한 심정으로 조금씩 공부했지만, 말 그대로 조금씩이었다. 공부 잘하는 친구에 비하면, 공부를 조금씩이나마 시작하기에는 늦어도 한참 늦은 시점이었다. 하지만 나는 '만 가지 실수'를 하기로 마음먹은 사람이 아니었나! 과감히 고3 때 공부를 시작하는 실수를 저지르기로 했다.

'그런데 어떻게 해야 하지?'

나는 조상님의 명언을 행동으로 옮겼다. 바로 친구 따라 강남 가기! 나는 우리 학교에서 공부 잘하기로 유명한 기운이, 충훈이 옆을 졸졸 따라다니기 시작했다. 그때까지 공부를 잘하거나 심지어 공부를 좋아하는 친구를 이해할 수 없었다. 그런데 두 친구와 함께 생활해 보니 왜 공부를 좋아하고 잘하는지 대충 감이 왔다. 모두가 내게 "너 지금 실수하는 거야."라고 하던 공부를 두 친구처럼 직접 해 보기로 했다.

말이 쉽지 한평생 '그 까이꺼' 대충 하던 공부를 어떻게 할 수 있으랴. 기운이와 충훈이가 어릴 때부터 몇 년 동안 꾸준히 해 오던 공부를 1년 만에 따라잡으려 하니 그야말로 용량 초과였다. 그래서 전략을 세웠다. 한 과목당 책을 한 권만 보기! 공부 잘하는 친구들은 한 과목당 기본으로 서너 권을 봤다. 이는 기본기를 튼튼히 갈고닦고 쌓은 상태라 가능했을 일이었다. 기본기가 없는 나는 기본만 파기로 했다. 그때부터 과목별로 기본서만 죽어라 보기 시작했다.

강연할 때 이런 얘기를 하면, 몇몇 학생들은 내게 묻는다.

"선생님, 저도 기본서만 죽어라 봤는데, 왜 점수가 안 오르죠?"

그럴 때 나는 이렇게 되묻는다.

"정말 죽을 만큼 봤니?"

기본기조차 없는 내가 공부하는 건 실수나 마찬가지였다. 그 실수를 도전과 결과로 바꾸기 위해 정말 죽을 만큼 기본서만 봤다. 다른 친구들이 수년간 해 온 공부를 일 년 안에 몰아서 해도 힘들지 않았다. 오히려 나는 일 년 만에 해낼 수 있으리라는 생각에 기뻤다. 갑작스럽게 공부만 하니 몸무게가 10kg이 넘게 쪘다. 창피했느냐고? 절대 아니었다. 두툼해진 살은 내게 훈장과도 같았다. 몇몇 여자아이는 곰돌이 같다고 귀여워해 주기까지 했다. 그걸로 충분했다. 내가 말하지 않았던가. 모두가 나를 좋아해 줄 수는 없다고! 내가 나를 진정으로 좋아하고 응원해 주면 그만이다. 몇 명이라도 나를 좋아해 주면 감사한 일이다.

정말 놀랍게도 집-학교-도서관 순회를 반복한 지 반년 만에, 나는 전교 상위권에 진입했다. 그리고 그때까지 꿈도 꾸지 못했던 서울에 있는 대학교에 입학했다. 나는 IQ 200이 넘는 천재가 아니다. 고액 과외를 받은 것도 아니다. 목표를 향해 죽을 만큼 하니 결과는 따라왔다.

"거봐. 역시 난 틀렸어."라고 말하는 건 제대로 시도조차 하지 않았기 때문이다. 실수하려 들지 않고, 행동하려 하지 않고, 도전을 꿈꾸지도 않는데 결과가 나올 리가 없다. 모든 학생더러 나처럼 죽을 만큼 공부해서 대학 가라는 말이 아니다. 수많은 일 가운데 내가 공부에 도전하기로 마음먹었듯, 각자 도전하고 싶은 건 다를 수 있다. 이루지 못할 것 같은 일에 덤벼드는 실수부터 저지르면, 실수가 모여 도전이 되고, 도전이 쌓여 자기만의 결과를 이룰 것이다.

내가 꼭 해야 할 실수가 하나 더 남아 있었다. 바로 회장 선거 출마. 나는 진실로 회장이 부러웠다. 수업을 시작할 때 일어나서 인사하고, 끝날 때 인사하고, 무슨 일만 생기면 모두가 회장을 찾지 않는가. 우리 반의 대표, 회장! 그 회장에 최은혁이 도전장을 내밀었다.

고등학교 마지막 학기가 시작되고 어김없이 회장 선거의 시간이 돌아왔다. 지원자를 받는 순간 나는 당당히 손을 들었다.

"회장 후보에 지원합니다."

불과 2년 전의 최은혁이었다면 일어날 수 없는 도전이었다. 사람들과 눈을 마주치는 것조차 두려웠던 최은혁이 처음으로 사람들 앞에서 자기 뜻을 펼치는 순간이었다. 설사 선거에 떨어져서 "그러게, 떨어질 걸 왜 나갔니? 선거에 나가겠다고 한 거 자체가 실수야."라고 해도 상관없었다. 실수는 내게 부정적인 단어가 아니라 행동과 도전의 또 다른 말이었기 때문이다.

그리고 거짓말처럼 나는 회장으로 뽑혔다. 아니, 이는 거짓말 같은 이야기가 아니다. 지극히 현실적인 이야기다. 나는 실수일지도 모를 일에 도전했고, 도전에 대한 결과를 받은 것이다. 결과는 늘 성공 아니면 실패, 둘 중 하나다. 어떤 결과와 마주하든, 그때의 실수와 경험을 통해 성장하기 마련이다.

고등학교 졸업식 날, 반 친구들과 학부모님 앞에서 인사하던 순간을 잊을 수가 없다. 특히 학교에 적응하지 못하는 아들 때문에 마음 고생이 많으셨던 우리 부모님께 변화한 내 모습을 보여 드릴 수 있어서 기뻤다. 전교생을 대신해 마지막 인사를 하러 수없이 연습하던 순간이 생생히 떠오른다. 그리고 결과는? 폭삭 망했다! 엄청 긴장하는 바람에 말을 버벅거렸다. 부모님 앞에서 개망신을 당했다. 하지만 뭐 어떤가? 이러한 실수가 모여, 지금 많은 학생 앞에서 내 이야기를 풀어 놓고 멘토링을 해 주는 사람이 되었지 않은가.

아무도 너를 신경 쓰지 않는다

여기까지가 나의 10대 시절 이야기다. 나의 10대는 내성적이고 서툴렀고 실수투성이였다. 그만큼 많은 걸 배우고 느끼고 성장했다. 성인이 된 뒤에도 실수하기를 멈추지 않았다. 좋아하는 사람이 생기면 무작정 말을 걸었고, 외국어를 한마디도 못하는 채로 배낭여행을 떠나 유럽을 누볐다. 연예인이나 하는 줄 알았던 기업의 홍보대사에 도전해 미국까지 다녀왔다. 하지만 내가 이 책을 쓴 것은 남보다 훌륭해서가 아니다. 오히려 이 책을 읽고 있는 여러분과 가장 비슷한 사람이기 때문이다.

나는 '운명'이라는 말을 싫어한다. 누구도 내일을 알지 못한다. 늘 하루하루, 순간을 살 뿐이고, 그 주체는 바로 자신이다. 누구도 내 삶을 대신 살아 주지 않는다. 세상에 실수하지 않는 사람은 없다. 타인의 시선에 신경 쓸수록 남는 건 내가 아니라 타인의 시선뿐이다.

지금 나는 행복하다. 내가 좋아하는 일을 하고, 응원해 주는 가족이 있고, 친구가 있으며, 너무나도 예쁜 여자 친구도 있다. 하지만 그 누구도 나만큼 나를 신경 쓰지 않는다. 잔인하게 들릴 수 있지만 사실이다. 내가 무엇을 원하고 무엇을 하고 싶은지는 자신이 가장 잘 안다. 그러니 타인의 시선이 아닌 나의 시선에 맞춰 살아가길 바란다.

내가 가장 좋아하는 말이 있다. "늦었다고 할 때가 가장 늦었다. 그러니 당장 시작하라." 늦었다는 말이 끝났다는 뜻은 아니다. 끝을 내는 건 시간이나 주변 환경이 아닌, 바로 자기 자신이다. 그러니 이 책을 덮는 순간, 당장 도전하고, 실수하라. 아무도 너를 신경 쓰지 않는 것처럼.

손 번쩍!

질문 있어요!

Q 저는 고민이 있을 때마다 누구와 이야기를 나눠야 할지 모르겠어요. 멘토님은 고민이 있을 때 어떻게 하시나요?

A 저는 고민이 있을 때 제 자신과 상담했어요. 남들 보기에 답답하다 싶을 정도로 생각하는 시간을 많이 가졌어요. 그러면서 내가 가진 고민이 가져다줄 수 있는 최악의 상황을 떠올렸죠. 그 상황을 감당할 수 있다면 행동에 나섰어요. 그런데 세상에, 내가 감당할 수 없는 최악의 상황은 없더라고요!

우리가 고민하는 것 중 실제로 일어나는 일은 10%도 안 된다고 해요. 고민이 있을 때 스스로 물어보세요.

'내가 이걸 했을 때 어떤 일이 벌어질까?'

여러분이 생각하는 최악의 상황보다 최고의 상황이 훨씬 더 많이 기다리고 있을 거예요. 답답하리만큼 자신에게 물어보세요. 답은 내 안에 있습니다.

Q 멘토님이 했던 최고의 실수는 무엇인가요?

A 제가 한 최고의 실수는 10대를 위해 첫 강연을 한 것이에요. 처음에는 많은 친구들이 말렸어요. "네가? 네가 강연을?" 이런 반응이 대부분이었죠. 저는 못하면 못하는 대로 좋은 경험이 될 거라고 생각했어요. 그래서 첫 강연 때는 정말 못했어요. 어찌나 긴장하고 서툴렀던지, 내가 무슨 말을 했는지조차 기억나지 않았지요. 그런데도 포기하지 않고 두 번, 세 번 강연을 이어 나가는 실수를 또 저질렀어요. 이런 실수가 하나하나 쌓이다 보니, 이제는 수백 명 앞에 서도 마음이 여유로워졌답니다. 듣기만 했던 아이에서 이야기를 들려주는 청년이 되었어요! 내가 못할 것 같다고 해서 첫 강연을 포기했다면 망신당할 일은 없었겠지만 발전 또한 없었겠지요.

어떤 일을 앞두고 사람들이 "네가? 네가 이걸?" 하고 얕볼까 봐 두려울 수 있어요. 그럴 때 이렇게 답해 보세요. "응, 내가. 내가 이걸 해. 근데 왜?" 주위 시선에 신경 쓰지 마세요. 여러분을 여러분만큼 신경 쓰는 사람은 아무도 없답니다. 실수를 두려워하지 않을수록 실수하지 않을 수 있어요!

Q 정말 친구 따라 강남 가면 내가 하고 싶은 것을 잘할 수 있나요?

A 물론이죠! 단, 조건이 있어요. 친구를 따라가되, 친구보다 적어도 두 배는 더 열심히 할 것! 공부든 축구든, 한 가지를 똑소리 나게 잘하는 사람들한테 공통점이 있어요. 누구보다 더 노력한다는 점입니다. 결과는 하루아침에 뚝 떨어지지 않아요. 콩 심은 데 콩 나고 팥 심은 데 팥 나듯 모든 결과는 여러분의 손에 달려 있지요.

친구는 여러분이 가고 싶은 길에서 첫 걸음마를 뗄 때 방향과 방법을 찾도록 도와주는 나침반이 될 수는 있어요. 하지만 결승선까지 데려다주는 존재는 아니랍니다. 친구에게서 배울 점은 배우고, 결승선까지 갈 자신만의 방법을 찾아야 해요. 이때 자신의 부족함을 인정하는 자세도 필요해요. 누구나 처음에는 실수하기 마련이에요. 결승선까지 갈 방법 없이 조급하게만 굴다가는, 발이 꼬여 넘어지기 쉬워요. 하지만 넘어져 봐야 넘어지지 않는 방법을 알 수 있답니다. 넘어지세요. 실수하세요! 그리고 일어나서 나아가세요!

마음속 씨앗을 싹 틔우는 도전

이정욱

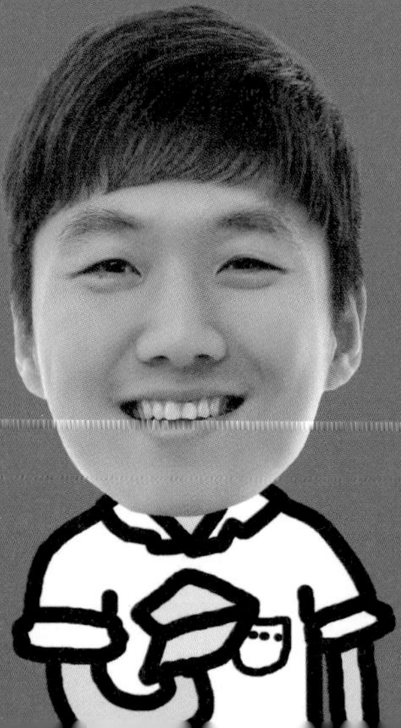

이 정 욱 멘토

홍익대학교 국어국문학과·서강대학교 신문방송학과
종이비행기 국가 대표
너랑 스포츠문화팀장

종이비행기 국가 대표, 기네스 세계 기록 보유자, '덕업일치'의 삶을 살아가는 이색 스포츠 마케터. 나를 가장 잘 설명하는 말이다. 종이비행기 국가 대표라는 말이 나오면, 일단 다들 놀란다. "종이비행기 날리는 것도 세계 대회가 있어?" 종이비행기 세계 대회는 3년마다 오스트리아 잘츠부르크에서 열린다. 세계 80여 개국에서 4만 6천여 명의 선수들이 참가하고, 오래 날리기, 멀리 날리기, 곡예비행의 3종목이 있다. 종이비행기에 관한 과학적 지식과 신체 능력을 겨루고, 각 나라 선수가 문화를 교류하며 친구가 되는 세계 최대의 참여형 이색 스포츠 대회다. 이어 연봉은 얼마나 되는지, 어떻게 먹고사는지도 궁금해한다. 종이비행기 세계 대회는 올림픽과는 달리 우승했다고 연금이 나오지도 않고 명예나 부가 뒤따르지도 않는다. 그런데 나는 왜 종이비행기 국가 대표씩이나 되었을까? 내가 그동안 가장 많이 받은 질문 "언제, 왜 종이비행기를 날리기 시작했나?"부터 이야기를 풀어놓을까 한다.

111

마음속 씨앗을 싹 틔우는 도전

이 정 욱

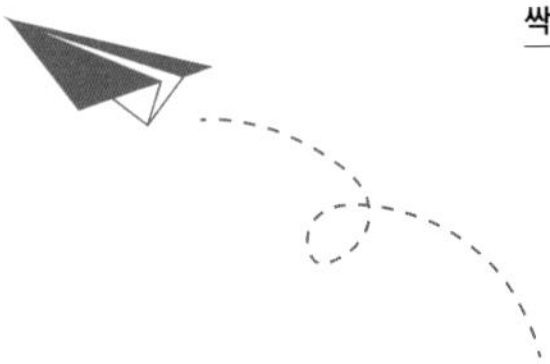

촌놈, 만나고 싶은 영웅이 생기다.

나는 어릴 적 경북 상주의 한 시골 마을에 살았다. 인터넷도 케이블도 들어오지 않을 정도로 외딴곳이었다. 흙벽돌로 지은 초가집에 지붕만 기와로 개량한 집에 살면서 그럴듯한 장난감 하나 없었다.

중학교 2학년 추석 때였다. 텔레비전에서 기네스북 특집 방송이 나왔다. 켄 블랙번이라는 미국 공군 엔지니어가 나와서 A4 용지 한 장으로 종이비행기를 접었다.

'종이비행기를 날리는데 무슨 공군 엔지니어씩이나 나오지?'

이런 생각을 하는 순간, 켄 블랙번이 쏘아 올린 종이비행기가 실내에서 무려 27.6초를 날며 세계 기록을 경신하는 장면이 펼쳐졌다.

'종이는 우리 집에도 있어. 나는 어려서부터 농사짓고 운동도 열

심히 해서 팔심이 세. 그럼 종이비행기를 30초 정도 날려서 나도 세계 기록을 경신할 수 있지 않을까?'

나는 종이비행기를 뚝딱 접어 논두렁으로 달려갔다. 자세를 잡고 하늘로 힘껏 종이비행기를 날렸는데, 0.5초도 안 되어 논두렁으로 추락했다. 비행기를 접은 모양새도, 날리는 자세도 얼추 비슷한 것 같은데 10초를 넘길 수가 없었다. 그렇게 종이비행기 수백 대를 접고, 수천 번을 날리면서 실패한 뒤에야 깨달았다.

'5g밖에 나가지 않는 40원짜리 A4 용지 한 장으로 저런 대단한 기록을 내다니. 그러기 위해서 엄청난 시간과 노력을 들였겠구나.'

그때부터 종이비행기를 잘 접기 위해 항공 역학, 유체 역학을 논문을 찾아보며 배우고, 하늘 높이 쏘아 올리기 위해 날리는 자세를 훈련했다. 그러면서 이런 생각을 했다.

'종이비행기를 계속 날리다 보면, 언젠가 나의 종이비행기 영웅인 켄 블랙번을 만날 수 있지 않을까?'

나를 증명해라

어려서부터 우리 집 형편은 몹시 어려웠다. 4교시가 끝나면 친구들은 모두 100m 달리기를 하듯 급식실로 총알같이 뛰어갔지만, 급식비가 없던 나는 교실에 혼자 덩그러니 앉아 있었다. 배고픔보다 텅 빈 교실만큼이나 허한 마음을 느꼈다. 이때의 상처는 아직 마음속 깊이 남아 있다.

만약 "만 원짜리 한 장이 생긴다면 가장 먼저 무엇을 하고 싶어요?"라는 질문을 받는다면, 나는 중학교 1학년 시절 점심시간에 텅 빈 교실에 혼자 앉아 있는 나에게 주겠다고 대답하겠다. 배보다 마음이 허했던 중학교 1학년 정욱이는 30대로 접어든 지금도 마음속에서 자라지 못한 채 그대로 있다. 피부에 큰 상처가 생기면 아문 뒤에도 흉터가 남듯이 내 마음에도 그런 흉터가 생겼다.

초등학교를 졸업한 겨울부터 경기도에서 친척 형님이 운영하는 공장에서 일했다. 방학마다 하루에 15시간씩 일했지만 상황은 나아지지 않았다. 내게 돌아오는 것은 육성회비 미납 독촉장과 점심시간마다 결식아동으로서 홀로 마주하는 텅 빈 교실 풍경이었다. 나는 '시간과 돈을 맞바꾸는' 일상에서 벗어나고 싶었다. 가난은 어렸던 나에게 불편하고 부끄럽고 마치 죄를 지은 듯 자신을 초라하게 만드는 굴레였다.

나는 가난에서 벗어나고 싶었고, 영화관이 있는 도시로 가고 싶었다. 대학에도 가고 싶었지만 등록금이 없었다. 아버지는 집안 형편 때문에 고등학교에 진학하는 대신 공장에서 계속 일하기를 바라셨다. 그나마 고등학교도 아버지를 어렵게 설득한 끝에 진학했다.

아버지는 내가 초등학생 때 어머니와 이혼하셨다. 아버지 입장에서는 어려운 살림에 아들 뒷바라지를 홀로 어떻게 할지 걱정되셨을 거다. 아들이 스무 살이 될 무렵 벌써 환갑을 코앞에 둔 아버지가 언제까지 일하실 수 있을지 몰라서 더욱 불안하셨을 거다.

그렇게 농사와 공장 아르바이트로 학업을 이어 나가던 중, 고2 여름 방학 때 천금과도 같은 기회가 찾아왔다. 방학마다 자신의 공장에서 일하게 해 준 친척 형님이 "초등학교 6학년 때부터 지금까지 외국인 노동자들과도 잘 어울려 지내며 일하던 성실함이면 한번 믿어 볼 만하다."시면서, 남은 고등학교 1년 동안은 공부만 해 보라고 하셨다. 물론 조건은 있었다. 학비와 기숙사비를 지원하는 대신, 서울에 있는 대학에 진학하는 조건이었다. 서울에 있는 대학에 합격하면 첫 학기 등록금도 지원하고, 떨어질 경우 고등학교를 졸업하는 즉시 형님네 공장에서 일하기로 말이다.

당시 시골에 있는 우리 집이 70만 원이었고, 대학 등록금은 입학금을 포함하여 450만 원이었다. 집값보다 6배나 비싼 등록금을 마련하기란 불가능한 현실이었다. 나에게 대학은 공부 잘해도 돈이 없어 가지 못할 그런 곳이었다. 당시만 해도 학자금 대출 제도가 없었기 때문에 등록금이 없으면 대학에 가지 못하는 경우가 많았다.

나는 아버지를 설득할 자신이 없었다. 그래서 고3을 앞둔 2004년 11월, 아버지께 편지 한 통을 남기고 고등학교 기숙사로 가출했다. 편지 내용 중에 아직도 기억하는 부분이 있다.

'한 달 한 달의 월급보다, 짧게는 제 가까운 미래를 위해서, 길게는 제가 앞으로 키울 제 자식을 위해서 투자하고 도전해 보고 싶습니다. 저는 제 시간을 돈과 바꾸는 일이 아니라, 제가 하고 싶은 일을 하면서 살고 싶습니다.'

호랑이 같던 아버지의 뜻에 반기를 들고 던진 출사표였기에, 하루에 4시간씩 자며 이를 악물고 1년을 흔들림 없이 공부했다. 물론 쉽지는 않았다. 무엇보다 나를 힘들게 한 것은 '불안'이었다. 가족도, 학교 선생님도, 친구들까지도 "일 년 동안 공부해서 서울로 대학에 간 전례는 없다." "대학에 붙었다 해도 서울에서 학비와 생활비를 벌면서 생활하기란 불가능하다."고 했다. 나는 "전례가 없다면 내가 만들어 나가겠어!"라는 엄청난 말로 맞서며, 내가 한 말을 증명하기 위해 이를 악물었다. 그야말로 불가능해 보이는 도전이었다.

기숙사비와 학비를 지원받는 입장에서, 차마 문제집을 살 돈까지 손 내밀 수는 없었다. 시골 마을에서 과외나 학원은 구경도 할 수 없었고, 선배들이 수능을 치른 뒤 버린 EBS 문제집과 교사용 참고서를 받아서 공부했다.

토요일에는 기숙사생 전원이 집에 가는 날이라 기숙사에서 잘 수가 없었다. 그래서 토요일 저녁에 혼자 고3 교실에서 공부하다가 잤다. 높낮이가 서로 다른 책상을 붙여 놓고, 체육복을 베고 교복을 덮고 자는데도 힘든 줄도 무서운 줄도 몰랐다. 그만큼 절박했다. 절박

한 마음과 노력이 빛을 발하여, 드디어 서울에 있는 홍익대학교 국어국문학과에 합격했다.

Need와 Want

영어 단어 need와 want는 흔히 '원하다'라는 뜻으로 쓰인다. 노래 가사에도 'I need you.' 또는 'I want you.'라는 말은 흔하다. 하지만 need와 want는 똑같지 않다. 옥스퍼드 영영사전은 need와 want를 다음과 같이 설명한다.

need If you need something, or need to do something, you can not successfully achieve what you want or live properly without it.

want If you want something, you feel a desire or a need for it.

뭔가가 필요하거나 뭔가를 하는 것이 필요하다(need)면, 원하는(want) 것을 성공적으로 이룰 수 없거나 그것 없이 제대로 살아갈 수 없다는 뜻이 need고, want는 뭔가를 원한다(want)면 그것에 욕망이나 필요(need)를 느낀다는 뜻이다. 다시 말해, need는 원하는(want) 것을 이루는 데 필요한 수단이다.

나는 need와 want를 구별해 보기 전까지, 대학에 가는 걸 '원한다(want)'고 생각했다. 하지만 실제로 학교에 다니면서, 그토록 독하게 공부하게 만든 동력은 want가 아니라 need였음을 깨달았다. 대학 진학은 학업을 이어 나갈 방법이었고, 가난을 벗어날 수단이었다. 그토록 '원한다고 생각했던' 대학에 들어갔지만 아무것도 해결되지 않았다. 생활비와 학비를 벌기 위해 적어도 하루에 평균 6시간씩은 아르바이트를 해야 했고, 장학금을 받기 위해 지친 몸을 이끌고 밤 11시까지 도서관을 찾았다.

대학을 다니면서 휴학은 엄두도 못 내고 8학기를 연속으로 다니며 졸업에 이르렀다. 학업과 아르바이트로 바쁜 시기를 보낸 만큼, 진로와 미래에 관한 내적 고민에는 충분한 시간을 쓸 수 없었다. 단 한 번의 휴식 없이 내달려 온 대학 생활이었기에, 남보다 훨씬 빠른 시기에 돈을 벌 수 있는 여건을 갖췄다. 하지만 마음 한쪽에 무겁게 자리 잡은 '표현할 수 없는 아쉬움'은 해결할 수가 없었다.

'중학교 때는 고등학교만 다녀도 좋겠다고 생각했고, 고등학교 때는 꿈도 못 꿨던 대학까지 나왔는데, 나는 무엇이 바뀌지 않은 걸까? 코앞에 떨어진 일들을 숨 가쁘게 해치우며 살다가, 정말 중요한 걸 빠뜨린 건 아닐까?

취업해서 돈을 벌면 분명히 지금 사는 고시원보다 좋은 집에서 살 수 있을 거야. 적어도 다달이 월세 걱정을 안 해도 되고, 학비를 벌기 위해 주말에 쉬지 못하는 일도 없겠지.

아니야, 잘 생각해 보자. 대충 끼니를 때우며 좁은 방에서 사는 불편은 물리적인 일들 아닌가. 훗날 이런 물리적인 불편을 해결하더라도, 표현할 수 없는 아쉬움은 또다시 밀려들지 않을까?'

24년을 쉬지 않고 달려 대학교 졸업을 맞이하고 나서야 내면의 소리에 귀 기울일 수 있었다. 그동안 나를 움직이던 동력은 want가 아니라 need라는 사실을 깨달았다. 계속 수단을 위해서만 노력하다가, 수단을 얻은 뒤에는 정작 동력을 잃어버리고 말았다.

그래서 내가 무엇을 원했는지 떠올려 보고, 고등학교 때부터 배우고 싶던 신문방송학을 공부하기로 했다. 도서관에 가서 커뮤니케이션학에 관한 전공 서적을 보는데, 도저히 독학으로는 이해할 수 없는 이론을 만났다. 나는 그 책의 저자인 서울대학교 언론정보학과의 윤석민 교수님을 찾아뵙고 청강을 부탁드렸다. 이메일을 보내고, 손으로 직접 편지를 써서 연구실로 가져가고, 수업 계획서를 뽑아 수업에 찾아가서 부탁드리며 청강을 허락받았다. 그렇게 커뮤니케이션 이론 수업을 받으면서, 관심 있는 다른 수업도 담당 교수님께 편지를 쓰고 직접 찾아뵈며 청강을 허락받았다. 청강 수업이기 때문에 성적이 나오는 것도 아니고, 과제 점수를 받는 것도 아니었다. 그래도 1년 동안 20학점 정도 청강하며 중간고사, 기말고사도 치르고, 과제도 빼먹지 않았다.

주변에서는 나에게 이런 말을 했다. "졸업하고 공백기가 있으면 취업하기 어렵다고 하더라." "학점을 인정받지도 못하는 청강은 어디 가서 써먹지도 못할 텐데. 차라리 인턴을 하는 게 낫지 않을까?"

나는 처음으로 뭔가 공식적이고 물리적인 보상과 상관없이, 내 꿈을 찾아가는 길을 걸어가고 있었다. 그 과정이 누군가에게는 '백수 생활'처럼 보일 수도 있구나 싶어 놀라웠다. 시험 기간에 밤새우며 공부하는 시간이 어느 때보다도 즐겁고, 퇴고를 거듭하며 과제를 준비하는 시간이 어느 때보다도 설레었는데 말이다. 성적을 받기 위해서가 아니라 내가 하고 싶어서 공부할 때의 즐거움, 연구하고 싶던 분야를 조사할 때의 설렘을 맛보았다. 그러고 나니, 사회생활에 뛰어들어 돈을 벌기보다는 못다 한 학업을 이어 가야겠다고 마음먹었다.

내가 원한 것은 대학 진학이 아니었다. 대학은 내가 원하는 걸 이루는 데 필요한 수단이었다. '나는 대학에 가고 싶다.'라고 생각하는 친구들은 자신에게 이런 질문을 던져 보길 바란다.

'중학교 때는 고등학교에 가려고 공부했고, 고등학교에 와서는 대학에 가려고 공부하고 있다. 항상 다음 교과 과정으로 진학하기 위해 공부하고 있다고 생각했는데 공부하는 이유가 이게 다일까? 대학에 진학하지 않는다면 지금 하는 공부는 아무 의미가 없을까? 내가 원하던 대로 대학에만 진학하면 진로 고민이 해결될까?'

우리는 수단과 목적을 헷갈려 한다. 가장 대표적이고 상징적인 것이 바로 '돈'이다. 누구나 돈을 많이 벌면 행복할 거라고 생각한다. 하지만 돈은 그 자체로 목적이 아니라 수단이다. 돈이 최종 목적이라면 돈을 버는 것 자체로 행복해야 한다. 하지만 대부분 뭔가 원하는 것을 하고 싶어서 그 수단으로 돈을 필요로 한다.

그렇다고 돈이 필요 없다는 소리는 아니다. 살아가는 데 돈과 같은 수단은 필요하다. 반드시 먹고살 수는 있어야 한다. 그러나 이 수단이 내가 원하는 것을 해결해 주지는 않는다.

내가 방송에서 이런 말을 했을 때, 인터넷에서 가장 많이 달린 댓글이 있다. '꿈이 밥 먹여 주냐?'였다. 그래서 나는 반대로 물어본다.

"꿈을 포기하고 밥을 위해 살다 보니, 밥이 꿈을 먹여 주더냐?"

밥도 먹고 꿈도 먹는 덕후 되기

사람이 살아가는 데 '밥(need)'은 중요하다. 먹고사는 문제는 생존 문제지 않은가. 하지만 하루에 밥을 100그릇 먹는다고 행복해지지는 않는다. '꿈이 밥 먹여 주냐?'라면서 핀잔을 주는 사람도 속으로 알고 있을 것이다. 허황된 꿈이 밥을 먹여 주지 않듯이, 100그릇의 밥도 꿈을 먹여 주지 않는다.

원하는 것으로 밥까지 먹고 사는 사람, '덕업일치'의 삶을 사는 사람은 남을 부러워하지 않는다. 남보다 잘나서가 아니라, 남을 부러워할 필요가 없기 때문이다. 그래서 나는 여러분이 좋아하는 것을 오랫동안 파고드는 '덕후'가 되길 바란다. 덕후가 되어서 내가 좋아하는 걸로 어떻게 먹고살 수 있을지 '치열하게' 고민하면 좋겠다. 좋아하는 걸로 먹고살기 위해서는 need와 want의 균형이 중요하다. 눈앞의 목표에 뛰어들기 전에, 아래 목록을 한번 적어 보면 좋겠다.

want를 위한 need 적어 보기

want + to do

need + 명사

need + to do

need는 want를 위한 수단이다. 의사의 사명은 치료하는 것이다. 그러기 위해서는 의료 관련 자격증이 필요하다. 하지만 치료하는 일에 꼭 의사만 필요한 건 아니다. 약사나 간호사, 방사선 촬영사 등 여러 분야가 있다. 그래서 꿈을 적을 때 '동사형'으로 적으면 좋다. 내 꿈은 '의사'라기보다는 '아픈 생명을 치료하고 싶다. 그러한 직업 중에 의사가 되고 싶다.'처럼 말이다. 의사라는 꿈을 원한다면 이를 위해 의료 관련 자격증이 필요하고, 그러려면 생물학 공부를 해야 한다. 이 예시를 정리하면 다음과 같다.

want를 위한 need 적어 보기

want + to do	아픈 생명을 치료하고 싶다.
need + 명사	의료 관련 자격증이 필요하다.
need + to do	생물학을 공부해야 한다, 수학을 공부해야 한다, 의대에 진학해야 한다.

'원하는 것'을 적기 어려울 때는 범주를 한 단계 올려 보는 연습도 도움이 된다.

나는 사과를 좋아한다. 그런데 사과도 좋아하고 배도 좋아하고 딸기도 좋아한다.

이때 나는 사과만 좋아하는 게 아니라 한 단계 위의 범주인 '과일'을 좋아하는 것이다.

나는 축구를 좋아한다. 그런데 야구도 좋아하고, 농구도 좋아하고, 테니스도 좋아한다.

이때 나는 축구만 좋아하는 게 아니라 한 단계 위의 범주인 '구기 종목'을 좋아하는 것이다.

때로는 want를 위해 원하지 않는 need를 해야 할 순간도 있다. 아마 여러분한테 이미 익숙한 상황일 듯싶다.

'나는 아이들이 어려워하는 수학을 쉽게 가르쳐 주고 싶어. 수학을 포기한 수포자를 구해 주고, 수학의 재미를 알려 줘야겠다. 수학교육학과에 진학해서 임용 고시를 봐야지. 그런데 수학교육학과에 가려면 이과 공부를 해야 하는데, 과학 탐구가 너무 싫고 어려워.'

나는 일찍이 원하는 일을 하기 위해 싫어도 해야 할 일이 많았다. 태어나서 처음으로 진짜 하고 싶은 공부를 하며 청강했을 때도 생활비를 스스로 벌어야 했다. 낮에는 수업을 듣고, 저녁에는 아르바이트하고, 밤에는 과제를 해야 했다. 예전과 똑같이 피곤하고 힘든 생활이었지만 달라진 게 있었다. 생활비를 버는 일을 원하는 것을 성취하기 위해 꼭 필요한 '과정'으로 여기기 시작했다. 축구 선수가 되고 싶어서 날마다 고된 훈련을 반복해야 하는 꿈나무들이 축구 연습을 할 때 땀이 흐른다고 불평하지는 않는다. 부모님이나 선생님께 "세상에서 힘들지 않고 즐기면서 할 수 있는 일은 뭐가 있을까요?"라고 여쭤 보면 아마 이렇게 대답해 주실 것이다.

"세상에서 힘들지 않은 일은 없어. 다들 견디면서 하는 거란다. 좋아하는 일을 하면 더 오래 견딜 수 있어. 좋아하는 일을 하다 보면 어쩔 수 없이 따라오는 궂은일도 하나의 과정으로 끌어안게 되지. 내 일을 사랑한다는 건 밝고 좋은 면뿐만 아니라 어둡고 궂은 면까지 감싸 줄 수 있어야 한다는 뜻이거든."

송곳, 언젠가는 뚫고 올라온다

서울대학교에서 청강 수업을 들은 뒤, 신문방송학과로 학사 편입을 준비하던 때였다. 25살이 되던 해에, 태어나서 처음으로 아버지한테 문자 메시지를 받았다.

'아들, 고생 많지! 지식은 금이다. 힘내라!'

이 말씀의 속뜻은 "미안하다."인 줄 안다. 아들을 뒷바라지할 여력이 못 되어 공부를 만류하셨던 아버지의 십 년 묵은 사과의 말씀인 줄 잘 안다. 고등학교 때 집을 나서며 남겨 둔 편지를 보신 뒤로는, 대학을 졸업하고도 다시 편입을 준비하는 아들에게 단 한 번도 싫은 소리, 조바심 내는 말씀을 하지 않으셨다. "뒤를 받쳐 주지 못해서 미안하지만, 집안 걱정하지 말고 하고 싶은 만큼 공부해 봐라."라고 격려해 주셨다.

서울대에서 1년 동안 청강 수업을 듣고, 2년에 걸쳐 시험을 치른 뒤, 첫 번째 대학교를 졸업한 지 3년 만인 27살에 서강대학교 신문방송학과에 진학했다. 또다시 생활비와 학비를 벌어 가며 공부해야 하는 삶이 기다리고 있었지만, 두렵거나 짜증 나지 않았다. 이번에는 '해야 할 일'보다 '하고 싶은 일'이 훨씬 더 많았기 때문이다.

하고 싶은 일 가운데 하나만 꼽으라면, 단연 내 종이비행기 영웅인 켄 블랙번을 만나는 일이었다. 사실 2009년에 켄 블랙번과 만날 뻔했다. 그 해에 우리나라에서 처음으로 종이비행기 대회가 열렸고,

우승자는 오스트리아 잘츠부르크에서 열리는 세계 대회에 보내 준다고 했다. 세계 대회의 심사 위원이 바로 켄 블랙번이고 말이다!

나는 어린 시절의 영웅을 만날 수 있을지도 모른다는 설렘을 안고 대회에 나갔다. 하지만 제1회 코리아컵 종이비행기 대회가 열릴 당시만 해도, 종이의 무게나 대회장의 조건이 세계 대회와 차이가 컸다. 원래 종이비행기 대회는 바람의 영향을 받지 않기 위해 실내에서 진행되어야 하고, 종이 무게도 100gms 이하의 종이를 사용한다. 그런데 제1회 종이비행기 대회는 두꺼운 도화지 수준의 종이를 공식 종이로 사용했고, 바람이 많이 부는 한강에서 날리다 보니 선수들이 제 실력을 내기 어려웠다. 결국, 나는 1초 차이로 우승을 놓치고 말았다.

2009년에 세계 대회가 열렸으니 다음 대회는 2012년에 열려야 했지만, 2012년에는 우리나라에서 국가 대표 선발전이 열리지 않았다. 결국 나는 '1초의 시간' 때문에 6년이라는 긴 시간을 기다려야 했다. 그러나 그 시간을 켄 블랙번을 만나는 데 필요한 과정이라고 생각했다. 몇 번 실패해도 다시 도전하겠다고 다짐했다. 3년이 걸리든 6년이 걸리든 딱 한 번만 성공하면 되는 것 아닌가?

6년 동안 꾸준히 종이비행기 오래 날리기 실력을 쌓았고, 드디어 2015년 4월 11일, 국가 대표 선발전 결승전이 다가왔다. 중학교 2학년 때부터 15년 동안 갈고닦은 내 모든 것을 오른팔에 싣고 종이비행기를 힘껏 날렸다. 1초, 2초, 3초…… 14.19초! 나는 총 1,600여 명이 참가한 종이비행기 국가 대표 선발전에서 2위를 0.6초 차이로 따돌리고 우승을 차지했다. 중학교 2학년 때 기네스북 특집 방송을 보고 종이비행기를 날린 지 15년 만에, 경북 상주의 논두렁에서 종이비행기를 날리던 소년은 비행기에 몸을 실었다. 오스트리아 잘츠부르크에서 열리는 세계 대회에 참석하러, 어린 시절의 영웅을 만나러!

나는 두근거리는 마음을 애써 가라앉히며 용기를 내서 켄 블랙번에게 다가갔다. 내가 직접 개발한 버드맨(Birdman)이라는 종이비행기를 보여 주며 말했다.

"15년 전에 아저씨가 세계 기록을 세우는 모습을 보고 종이비행기를 날리기 시작했어요. 제가 개발한 버드맨이라는 비행기는 아저씨 덕분에 탄생했지요. 아저씨는 저를 종이비행기 챔피언으로 탄생시킨 아버지이자, 제 영웅이에요."

그런데 켄 블랙번이 내게 해 준 말은 굉장히 의외였다.

"여기가 종이비행기 대회장이라서 그렇지, 사실 동네에서는 내가 뭐 하는 사람인지 모르는 사람들이 많지. 내가 15년 전에 날린 그 작은 종이비행기가 누군가의 꿈이 되었다는 걸 오늘 두 눈으로 보게 돼서 오히려 내가 더 신기하고 감사하네. 15년 전에 한국이라는 나라에 방송이 나간 줄도 몰랐는데, 그 먼 곳에서, 힘든 환경 속에서 포기하지 않고 열심히 살아 줘서 고맙네. 그리고 나를 위해 15년이나 노력해 줘서 정말 고맙네."

이 말을 듣는 순간, 번쩍하고 어떤 생각이 머리를 스쳐 지나갔다. 내가 켄 블랙번을 영웅으로 삼은 까닭은 그가 보편적인 사회적 기준에서 성공을 거둔 사람이라서가 아니었다. 종이비행기 같은 종목은 축구, 농구와 같은 스포츠 종목에 비하면 '비주류' 종목이다. 하지만 나는 경제적·사회적 지위를 떠나서 켄 블랙번이 '종이비행기 챔피언'이라서 좋아했다. 그런데 정작 나는 사회적 기준에서 봤을 때 '주류의 장인'인 피디가 되어, 누군가의 영웅이 되고 싶다고 생각한 건 아니었을까?

나는 2016년 1월 8일, 중국 공영 방송 CCTV에서 방영되는 '기네스 중국의 밤'이라는 프로그램에 출연했다. '종이비행기로 목표물 맞히기'라는 종목으로 기네스 세계 기록에 도전했고, 세계에서 4명밖에 없는 종이비행기 관련 기네스 세계 기록 보유자가 되었다. 내가 텔레비전으로 켄 블랙번이 기네스 세계 기록을 세우는 장면을 본 지 약 15년 만이었다. 현재 나는 이러한 경험을 발판으로, 종이비행기 대회와 같은 이색 스포츠 대회를 기획하고 운영하는 '이색 스포츠 마케터'가 되었다. 실제로 종이비행기 대회를 진행하고 강연을 다니면, 나처럼 종이비행기 국가 대표를 꿈꾸는 아이들을 많이 만난다. 나도 모르는 사이에 나를 통해 꿈을 키워 가는 아이들을 보며,

켄 블랙번을 보고 꿈을 키웠던 어린 시절의 나를 떠올린다. 켄 블랙번처럼 우리 동네에서 내가 뭐 하는 사람인지 아무도 몰라보더라도, 나 또한 누군가에게 종이비행기 영웅이 되리라 굳게 다짐해 본다.

나는 이런 질문도 많이 받는다.

"일이 년도 아니고, 어떻게 그렇게 오랜 시간을 어려운 환경 속에서도 버틸 수 있었나요?"

나는 언제나 "좋아하는 것을 포기하지 않아서 오래 버틸 수 있었습니다."라고 답한다. 좋아하는 건 눈에 보이지는 않지만 마음속에 심어 놓은 '씨앗'이다. 나조차도 이걸 좋아하는지 모르더라도, 혹은 현실의 어려운 환경 속에서 꿈보다 밥을 선택할 때라도, 씨앗은 마음속에서 자라고 있다. 그렇게 오랜 시간 동안 좋아하는 것을 포기하지 않으면, 작고 연약한 씨앗은 싹을 틔우려 단단한 땅을 뚫고 올라올 것이다. 마치 송곳처럼.

눈에 보이지 않지만 마음속에서 자라고 있을 씨앗이 땅을 뚫고 올라올 때까지 믿어야 한다. 영어에는 '믿음'이라는 단어에 두 가지 종류가 있다. 하나는 'belief'고 하나는 'faith'다. belief는 보통 '믿음'으로, faith는 '신념'으로 번역되는데, 두 단어에는 중요한 차이가 있다. 영어 속담 중에 'Seeing is believing.'이라는 말이 있다. '보는 것이 믿는 것이다.'라는 뜻인데, 여기서 보듯 belief는 보고 나서 믿는 것을 말한다. 반면에 faith는 두 눈으로 볼 수 없을지라도 믿는 것을 뜻한다.

'Faith is seeing light with your heart when all your eyes see is darkness.'는 '눈앞에 어둠만이 드리워졌을 때 마음으로 빛을 보는 것이 신념이다.'라는 뜻이다. 앞을 내다볼 수 없을 만큼 어렵고 불안한 상황에 놓였을 때, 그럴 때 필요한 믿음이 'faith'다.

나는 어릴 때부터 결식아동으로 배고픔을 느끼며 살았고, 하루에 15시간씩 공장에서 일해야 했지만 원하는 것을 찾는 노력을 멈추지 않았다. 분명히 물질적인 문제가 어느 정도 해결되면 공허함이 마음속에 스며들 것을 알고 있었다. 그렇게 현실의 벽에 부딪힐 때마다 그리고 다른 사람들이 내가 처한 막막한 현실을 두고 뭐든 불가능하다고 말할 때마다, 나는 마음의 눈으로 세상을 보려고 애썼다.

한번은 내 이야기를 듣고 대학 후배가 찾아와 이런 이야기를 했다.

"저도 좋아하는 게 있는데 시작하지 못하고 계속 망설이고 있었어요. 좋아하는 일을 즐겁게 하는 형의 모습을 보고, 좋아하는 걸 시작해야 할 때는 나중이 아니라 '바로 지금'이라는 걸 알았어요."

원하는 것을 하기 위해서 싫어도 꼭 해야 할 일이 있다. 막막하고 어려운 긴 현실 속에서 꿈이 제대로 자라고 있는지 보이지 않아 불안할지도 모른다. 하지만 내가 정말 좋아하는 일을 위해서라면, 필요한 일들을 하나하나 해 나가면서 거북처럼 버티고 또 버티며 도전을 멈추지 말아야 한다. 그리고 앞이 보이지 않는 불안한 현실 속에서도 "잘 될 거야."라는 믿음을 버리지 않으면 좋겠다. 그러면 어느 순간 무거운 현실에서 송곳처럼 뚫고 올라오는 나만의 새싹이 보일 것이다. 부디 진심을 담은 이 글이 여러분이 마음의 눈으로 세상을 보는 계기가 되면 좋겠다.

손 번쩍! 질문 있어요!

Q 집안이 어려워서 좋아하는 걸 하는 데 어려움이 많아요.

A 저는 20대 중반까지 기초생활수급자였어요. 기초생활수급자란 경제적으로 매우 어려워 국가에서 최소 생계 유지비를 지원받는 사람을 말해요. 중학생 때 급식비가 없어서 점심시간에 교실에 혼자 있는데 복도를 지나가시던 담임 선생님께서 왜 점심을 먹으러 가지 않았느냐고 물어보셨어요. 사실 그때까지 급식비도 못 내는 처지가 부끄러워서 급식 대신 도시락을 먹고 있다고 거짓말을 했거든요. 제 상황을 제대로 파악하신 선생님께서는 급식비를 지원받고 육성회비를 면제받게 도와주셨어요. 또 교내외 장학금을 알아봐 주셨고요.

아무리 어려운 처지라도 어떤 상황인지 솔직하게 털어놓기 전에는 주변에서 알기 어려워요. 우리나라에는 현재 2,500여 개가 넘는 장학 재단이 있어요. 학비 지원, 생활비 지원, 멘토링, 방과 후 수업 등 여러 가지 형태의 지원 사업도 있어요. 이런 재단들은 어려운 환경에서도 고군분투하는 여러분들을 절실하게 찾고 있답니다.

저도 처음에는 제 형편이 어렵다고 밝히기가 부끄러웠어요. 하지만 제가 무엇을 하고 싶은데 어떠한 어려움이 있는지 솔직히 털어놓고 도움을 청한 뒤로는 여러 가지 지원을 받으며 성장할 수 있었어요. 그동안 받은 도움에 보답할 수 있도록 열심히 살았고요. 나중에 자라면 나와 같은 환경에 처한 후배들을 도와주겠다고 단단히 결심했지요. 여러분이 좋아하는 것을 위해 열심히 노력하는 모습을 보이며 도움을 청한다면, 분명히 도움의 손길을 만날 수 있을 거예요.

Q 종이비행기는 언제까지 날리실 거예요?

A 처음에는 이 질문이 어떤 뜻일까 한참 고민했어요. 생각하다 보니 "좋아하는 것을 언제까지 하실 거예요?"라는 뜻으로 다가오더군요. 전 종이비행기를 언제까지 날리겠다고 고민해 본 적이 없어요. 누구나 그렇듯, 좋아하는 건 좋아할 때까지, 질릴 때까지 하는 거예요. 돈을 모아서 드론을 사서 날릴 수도 있고, 무선 조종 비행기를 날릴 수도 있겠지만, 저는 여전히 제 손으로 직접 접어서 날리는 종이비행기가 좋습니다. 좋아하는 거니까요!

여러분은 시험 기간이 끝나면 뭐가 가장 하고 싶은가요? 그동안 보고 싶었지만 못 봤던 드라마, 영화, 애니메이션을 보거나, 게임을 하거나, 친구들과 놀러 가는 게 떠오를 거예요. 좋아하는 건 이렇게 자꾸만 생각나고, 해야 하는 일을 빨리 해치우고 싶게 만들지요.

자기가 좋아하는 일을 하는 사람들은 '남부럽지 않은 삶'을 살아요. 남보다 잘나서가 아니라, '남을 부러워할 필요'가 없기 때문이죠. 혹시 바쁜 하루를 마친 뒤, 피곤한 몸을 이끌고도 꼭 하고 자는 일이 있나요? 그러면 여러분도 '남부럽지 않은' 자기만의 분야를 가진 덕후가 될 수 있어요.

경험으로 그리는 나만의 지도

장세리

장 세 리 멘토

상명대학교 행정학과
너랑 경영지원팀장

내 목표는 늘 바뀌었다. 스케이트 선수, 가야금 연주자, 글 쓰는 사람 등 분야도 참 다양하다. 새로운 목표에 도전할 때마다 이전 목표들은 소중한 경험으로 남았고, 다음 목표를 향한 값진 발판이 되어 주었다. 그렇다면 경험이 다양할수록, 많을수록 좋다는 말을 하려는 걸까? 수많은 경험이 시간 낭비가 되지 않으려면, 각각의 경험에서 '무언가'를 얻어야 한다. 이제 시작될 이야기는 내가 경험에서 얻은 '무언가'에 대한 이야기이다. 경험을 통해서 아득하고 추상적이던 내 꿈이 구체화되는 과정을 함께 지켜봐 주길 바란다. 거창할 건 없지만, 살짝만 기대감을 얹어서.

나는 말이야

나는 무엇이든 다 해야만 했다. 기필코 만져 봐야 했고, 굳이 먹어 봐야 했고, 끝내 해 봐야 했다. 뭔가 궁금하다면 수단과 방법을 가리지 않고 다 해 보았다. 그게 어린 시절의 나였다. 어린아이가 호기심이 많았겠다 싶겠지만, 사실은 질투심에서 시작되었다.

발레, 피아노, 미술. 초등학교 때 친구들은 내가 아직 배우지 못한 것을 배우고 있었다. 질투심이 모락모락 피어올랐고, 친구 따라 강남 가는 형세로 나 또한 학원으로 향했다. 그래서 재미있었을까? 아이러니하게도 재미는 없었지만 학원에서 오랜 시간을 보냈다. 이유는 단 하나. 뒤처지기 싫어서였다. 피아노 학원을 찾아간 첫날, 나는 바이엘 교재를 들고 학원 밖을 나서는데, 친구의 손에는 체르니 교재가 들려 있었다. 색깔부터 다른 그 책이 어찌나 갖고 싶던지 이튿날부터 친구보다 한 시간씩 학원에 먼저 가 연습했다. 재미를 떠나 절대 뒤처지고 싶지 않았다. 이런 마음가짐은 발레를 배울 때도, 미술을 배울 때도 똑같았다. 친구 따라 학원 간 탓에 호기심은 오래가지 않았고 눈길은 금세 다른 쪽으로 향했다.

밥 먹듯이 도전 혹은 포기

새로이 눈 돌릴 곳을 찾던 중, '스피드 스케이팅'이 눈길을 끌었다. 지금이야 이상화 선수 덕분에 아이스 링크장을 찾는 아이들이 많지만, 당시에는 흔한 운동이 아니었다. 이 흔하지 않은 스피드 스케이팅 경기를 텔레비전에서 보고 묘하게 설레었다. 서 있기도 힘든 얼음 위에서 초 단위를 다투는 스피드 경기. 며칠 뒤 나는 어머니의 손을 붙잡고 아이스 링크장을 찾았다.

'바로 이거야!'

예쁘지도 않은 쫄쫄이 타이츠에 투박한 스케이트를 신은 차림새였지만, 스피드로 경쟁한다는 것 자체에 가슴이 두근거렸다. 학교가 끝나면 피아노 학원으로 향하는 친구들을 제치고, 홀로 오랜 시간 버스를 타고 링크장으로 향했다. 학교 수업이 끝나면 스케이트 연습을 하는 나날이 이어졌다.

“아악!”

비명을 지르며 세게 넘어졌지만 오뚝이처럼 발딱 일어났다. 아프지 않아서가 아니라 뒤처지기 싫어서였다. 어린 나이에 욕심이 과했던지 발목이 날이 갈수록 아파 왔다. 발목은 부어올라 스케이트 신발에 발이 꽉 끼었고 서 있기만 해도 무릎이 아팠다. 이런 지경이 되어서야 어머니 손에 이끌려 정형외과를 찾았다. 그날로 하늘이 무너졌다.

“운동할 몸 상태가 아니에요. 앞으로 키가 자라지 않을 수도 있습니다.”

아프면 제때 병원에 가야 했거늘, 그놈의 욕심 때문에 결국은 사달이 났다. 나는 운동을 그만두고 집에만 머물렀다. 허무했다. 같이 놀 친구도, 이야기를 나눌 친구도, 아무도 없었다. 내가 스케이트에 빠져 있는 동안 친구들은 공부에 집중했기 때문이다. 나는 텔레비전을 벗 삼아 시간을 축내기만 했다. 아무리 웃긴 프로그램을 봐도 웃기지 않았다. 그냥 쳐다보고 있을 뿐이었다. 어떻게든 흘러가는 시간 덕분에 어느 정도 몸이 회복되었다. 나는 그 핑계로 다시 집 밖으로 나섰다.

결국 다시 간 곳은 링크장이었다. 얼음 위에서 노는 것 말고 달리 할 줄 아는 게 없었기에. 가장 많은 시간을 보낸 얼음을 떠나기 싫은 생각도 한몫했다. 다만 옷차림은 달라졌다. 스피드 스케이팅을 피해

도망친 곳이 고작 피겨 스케이팅이었다. 은반이라고 표현하는 새하얀 얼음 위에서 하늘거리는 드레스를 입고 우아한 춤사위를 표현하는 피겨 스케이팅. 피겨의 매력에 또다시 빠져드는 데 오랜 시간이 걸리지 않았다.

그러나 미련이 남았다. 고개만 돌려도 마주치는 스피드 스케이팅 연습 광경에 눈길을 뺏기지 않으려고 애썼다. 나는 더 빨리 턴을 돌았고 더 높이 뛰었다. 두 시간 남짓 얼음 위에서 돌고, 뛰고, 넘어지고 나서도 집에 가지 않고 지상 훈련에 임했다. 스피너라는 스핀 동작 보조기가 있는데, 얼음 위가 아니라 평지에서 스핀 훈련을 돕는 기구다. 이번에는 땅에서 스피너로 자세를 가다듬고, 근육 강화를 위해 타원형의 계단식 좌석을 오리걸음과 뜀 걸음으로 누비고 다니기를 또 두 시간. 가쁜 숨을 몰아쉬며 다리가 후들거려 제대로 서 있기 힘들 때가 되어서야 집으로 향했다. 날마다 세 시간 이상, 사계절을 추운 링크장에서 보냈다. 힘들고 추웠지만, 그냥 행복했다. 무언가를 하고 있다는 기분 탓이었을까.

하지만 행복은 오래가지 않았다. 평소처럼 훈련하던 중, 욕심껏 뛰어오르다가 꽈당 넘어졌다. 엄청 세게. 떨어지면서 딱딱한 빙판에 부딪힌 어깨가 성할 리 없었고, 혹사해 왔던 발목 또한 무사할 리 없었다. 병원 신세를 져야 했고 동시에 피겨 스케이팅 또한 그렇게 떠나보냈다. 또다시 찾아온 혼자만의 시간. 무서웠다. 아무것도 하지 않으니 겁이 났다. 자기 뜻대로 뭔가를 하는 친구들과 달리, 나는 모든 걸 뺏긴 기분이 들었다. 그대로 도태될까 두려웠다.

뒤에서 가만히 지켜보시던 부모님은 내게 가야금을 권하셨다. 처음이었다. 부모님이 내게 뭔가를 권하신 것은. 피아노를 시작할 때도, 스케이트를 시작할 때도, 시작은 나였다. "나 이거 배울래." 이 한마디면 충분했다. 그러니 처음으로 "너 이거 해 보면 어떠니?"라는 부모님의 제안은 무시하기 어려웠다. 가만히 앉아만 있으면 되는 가야금. 그래, 이거면 되겠다.

가야금은 생각보다 어려운 상대였다. 어려워서 더 많은 시간을 함께했다. 레슨을 집에서 받은 탓에, 학교 가는 시간, 밥 먹는 시간을 빼고는 가야금과 함께였다. 줄을 튕기지 않을 때도 가야금을 가지고 놀았다. 하다못해 인형 머리카락 대신 부들을 땋으며 시간을 보냈다. 가야금은 오른쪽 끝 '좌단'이라는 부분에 새끼손가락을 대고, 나머지 네 손가락으로 줄을 튕기며 연주한다. 그러니 오래 연주할수록 손가락은 틀어지기 십상이다. 그렇게 오른손은 틀어지고 굳은살이 박이며, 내 손은 성할 날이 없었다.

시간은 흘러 예체능 고등학교 진학을 앞둔 때였다. 나 자신에게 물어보았다.

'너 평생 가야금 할 거야?'

손에 물집이 잡히고, 터지고, 또 피물집이 잡히고, 굳은살이 박이는 과정을 평생 반복하려니 덜컥 겁이 났다. 이제 와 돌이켜 보면, 딱 그즈음, 흥미가 떨어지고 있었다. 예체능 고등학교는 포기하고, 가야금은 취미로 남겨 두기로 했다. 부모님과 상의 없이 혼자 내린 결정이었다. 부모님께는 통보만 했다.

"나 예고 안 가. 레슨도 그만 받을래."

사실 계속하라고 하시면 어쩌지, 그러면 그냥 할까, 하는 생각으로 던진 말이었다. 투정 비슷하게. 부모님은 당연히 반대하실 만했다. 화내실 만했다. 한 번쯤 나를 회유하실 만했다.

"그래."

"알았다. 너 하고 싶은 거 해야지."

부모님은 두말하지 않으셨다. 나는 부모님의 말씀이 무슨 뜻인지도 모르고 곧이곧대로 받아들였다. 하고 싶은 건 하고 하기 싫은 건 그만두었다. 탈선한 것은 아니었다. 그냥 하고 싶은 것만 할 뿐이었다. 공부는 하기 싫어서 안 했고, 여느 사춘기 여학생처럼 예뻐 보이려고 치장에 열중했다. 머리를 기르고 싶어서 학교 규칙은 아랑곳하지 않고 머리를 길렀다. 작은 교복이 예뻐서 교복을 줄여 입었고, 체육 시간에 사복을 입었다. 당시 내 눈에 예뻐 보일 수 있는 것은 뭐든지 다 하며 그렇게 지냈다. 부모님이 제재하실라치면 "왜? 난 이게 좋은데." "난 지금 이게 하고 싶어."라며 당당히 말했다.

여느 때와 다름없던 고2 겨울 방학. 염색한 머리를 뿌듯해하며 집으로 돌아온 날이었다. 그날의 일이 나를 통째로 휘둘렀다.

"그 나이면 깨달을 때도 됐는데. 참……."

집으로 들어서는 나를 보며 아버지가 나지막이 내뱉으셨다.

그건 분명 실망이었다. 혼내는 것이 아니라 실망에서 나온 말이었다. 실망과 포기의 뜻을 담은 말이었다. 아버지의 말씀과 고개를 내젓는 어머니를 뒤로하고 방으로 들어가 오만 가지 생각에 잠겼다.

'뭘 깨닫지? 왜 깨달아야 하지? 내가 잘못한 게 뭐지?'

어두운 밤을 지나 동틀 무렵, 스스로 답을 찾았다.

'아, 나는 항상 포기하며 살았구나. 그래서 이제 부모님도 나를 포기하려 하시는구나.'

나는 이제껏 자신을 '도전하는 아이'라 정의했다. 스피드 스케이팅, 피겨 스케이팅, 가야금 모두 나에게는 도전이었다. 지금은 다만 도전을 쉬어 가는 중이라고. 하지만 깨달았다. 셋 다 내가 포기한 결과였고, 지금 나는 어떤 것도 하지 않은 채 하루하루를 낭비하며 사는 아이였다. 때늦은 깨달음에 눈물이 터져 나왔다. 나는 참 쉽게 포기했다. 힘들면 포기했다. 항상. 누군가에게는 이쯤이야 훈장으로 여기며 털고 일어날 아픔이 내게는 포기하기에 충분한 이유였다. 내가 무언가에 호기심을 느끼고 배우고 싶어 할 때, 부모님은 나를 믿고 매번 배움의 기회를 주셨다. 하지만 이제 그런 기대가 눈처럼 사라져 버린 거다.

나는 눈물을 훔치고 서둘러 학교에 갈 준비를 마쳤다. 집을 나서기 전, 안방에 들러 다시 한 번 부모님께 통보했다.

"나 포기한 거 아니야."

부모님에게 그리고 나 자신에게 하는 말이었다. 자신에게 오랜만에 하는 다짐이며, 부모님께는 기대를 갈망하는 말이었다. 당장 코앞에 닥친 대학 입시에 포기 없는 도전을 하고 성공하겠다고 다짐했다.

스스로 내뱉은 말을 지키기 위해 노력했다. 오랜 시간 멀리했던 공부와 가까워지려니 어려웠다. 발목이 부러지고 손에 굳은살이 박였던 어린 시절을 떠올리며 포기하지 않으려고 더 노력했다. 이마저도 포기해 버리면 더는 기회가 없을 것 같았다. 1년도 채 되지 않던 공부 시간. 끝내 대학에 들어갔다. 나 스스로 만족할 만한 성적이었다. 나와의 약속을 지켰다.

포기 없는 진짜 도전

처음으로 도전했고, 성공했다. 그동안 도전이라 여기며 포기한 시절을 만회하기 위해 대학에 들어간 뒤 '진짜 도전'을 시작했다. 도전의 시작은 휴학이었다. 내가 들어간 행정학과가 내게 맞는 전공인지 생각해 볼 시간이 필요했다. 당시 내게는 '행정학과는 곧 공무원'

이라는 이미지가 강했다. 공무원이 내게 어울릴까? 회사원이 어울리지 않을까? 자신을 시험해 보기 위해 1년 동안 휴학하고 사기업에서 일해 보기로 마음먹었다. 아르바이트생 신분이 아니라 업무에 직접 참여할 수 있는 역할로.

19살짜리 휴학생에게 세상은 막막하기만 했다. 아르바이트 자리를 구하기도 녹록지 않은 사회에서 계약직 또는 인턴 자리는 터무니없는 목표였을까? 서류 탈락만 수차례였다. 하지만 몇 번의 도전 끝에 간신히 한 회사에 1년 계약직으로 뽑혔다.

기업에서 근무한 1년은 값진 시간이었다. 사소하게는 직장 내에서 쓰는 호칭과 컴퓨터 활용 능력부터 시작해 어른들과의 이야기를 통해 세상을 살아가는 법까지 많은 것을 배웠다. 일뿐만 아니라 세상을 경험하고 배울 수 있던 시간이었다. 무엇보다도 미래를 생각하고 결론에 도달했다!

"세리 씨는 뭐 하고 싶어?"

1년 동안 회사에서 가장 많이 받은 질문이다. 1개월 차일 때는 대답을 머뭇거리던 내가, 퇴사할 즈음에는 "전 글을 쓰는 사람이 될 거예요."라고 답할 수 있었다. 1년 동안 끊임없이 고민한 결과였다. 도전과 포기를 밥 먹듯이 하던 내가 가장 오랜 시간 해 오고 가장 잘할 수 있는 일은 '글쓰기'였다. 어릴 때부터 짧게라도 꾸준히 써 온 일기, 숱하게 포기해 온 삶에서도 놓지 않았던 일기장. 이제는 혼자 보고 만족하는 글이 아닌, 다른 사람에게 보여 줄 수 있는 글을 쓰고 싶어졌다.

꿈은 정했지만 글을 쓰는 사람이 되기 위해 어찌해야 할지 막막했다. 회사 계약직을 끝내고 학교로 돌아간 뒤, 계속 일기를 쓰거나 신문 기사를 베껴 쓰는 정도에서 만족하며 지냈다. 그러다 수업 시간에 '국회에서는 어떤 사람들이 어떠한 역할을 하나'에 대해 논의하던 중 새로운 사실을 알았다. 기자보다도 글을 더 많이 쓰는 사람이 바로 대한민국 국회에 있다는 것! 나는 국회 내 상점의 아르바이트 자리부터 인턴까지, 닥치는 대로 이력서를 넣었다. 국회를 가까이서 보고 싶었다. 간절한 마음이 닿아서인지, 한 의원의 인턴 보좌관이 되었다.

여의도 1번지, 국회. 이곳에서는 다양한 종류의 글이 쓰인다. 글이 법이 되기도 하고, 누군가를 대변하는가 하면, 화살이 되어 누군가를 겨냥하기도 한다. 국회는 글자 하나로 누군가는 웃을 수도, 상처받을 수도 있다는 것, 글을 쓰는 법을 배우기 전에 글의 무게를 먼저 배워야 한다는 것을 알려 주었다.

국회에서 짧은 시간을 보내고 나니, 나도 '기사'를 쓰고 싶다는 생각이 들었다. 국회에서 법안 발의, 질의서 말고도 다양한 문서를 읽고 써 봤다. 그중 보도 자료도 써야 했는데, 국회 출입 기자가 기사 쓸 때 참고하는 것이 바로 이 보도 자료였다. 나는 국회 보도 자료가

기자의 손길을 거쳐 대중에게 더 멋진 글로 전달되는 과정에 매료되었다. 언젠가 그런 기사를 내 손으로 직접 쓰고 싶었다.

나는 이어서 대학생 기자단에 지원했다. 스스로 아이템을 기획하고 취재해서 대중에게 효과적으로 전달해 보고 싶었다. 내가 알고 깨우친 것을 다른 사람과 공유하고 싶었다. 기자로 활동한 6개월 동안, 누군가 내 글을 읽을 때의 기쁨이 얼마나 큰지를 느꼈다. 그 맛에 밤새워 글을 쓰고, 더 많은 사람이 읽을 방법을 고심했다.

국회 인턴과 기자단 활동은 일기라는 개인적인 글쓰기에서 벗어나 새로운 글쓰기의 세계로 나를 이끌어 주었다. 사회를 위해 쓴소리를 던지는 글, 대학가의 소소한 소식을 전하는 글을 쓰고 나자, 이번에는 내가 주체가 되는 글쓰기에서 한 발자국 내디디고 싶었다. 내가 하고픈 말을 전하는 글에서 더 나아가, 다른 사람의 이야기를 또 다른 사람에게 효과적으로 전달하는 글을 다루고 싶어졌다.

기자단 활동의 끄트머리에서 고민하다가, 한 광고 회사에 인턴으로 들어갔다. 콘텐츠전략팀에서 근무하는 동안 누군가가 하고 싶어 하는 말을 누군가가 듣고 싶어 하는 말로 바꾸는 일을 했다. 하고 싶은 말과 듣고 싶은 말은 엄연히 다르다. 기자 입장에서는 꼭 전하고 싶은 말을 대중은 원치 않을 수 있다. 그런 글은 당연히 사랑받을 수 없다. 똑같은 말이라도 '아' 다르고 '어' 다르듯, 어떻게 표현하느냐에 따라 사랑받기도 하고 못 받기도 한다. 이를테면 '장세리의 하루'

를 곧이곧대로 글로 풀었을 때와 영상으로 담아냈을 때, 만화로 그렸을 때, 반응은 모두 다르다. '장세리'라 제목을 지었을 때와 '그녀, 엿보기'라 했을 때의 반응도 달라지기 마련이다. 콘텐츠의 매력이 돋보이도록 바꿨을 때, 그래서 폭발적 반응을 얻었을 때의 기쁨은 한 편의 글을 완성했을 때와는 또 다른 기쁨이었다.

여기서 끝이 아니다. 학교 행사 기획은 물론이요, 정부 부처의 행사 기획까지, 온갖 경험의 세계를 맛보았다. 몸담은 일은 다양해도 공통점은 하나 있다. 어떤 일에든 얻고자 하는 바가 분명했고, 또 다른 경험을 꿈꾸는 계기가 되었다는 점이다.

제자리에 머물지 말고 직접 겪어 보자. 어떤 결정을 내려야 할지 모르겠다면 더욱더 경험해 보자. 추상적이던 꿈이 조금씩 구체적으로 또렷이 드러날 것이다.

지름길은 아니더라도

우연히 강단에 선 첫날이었다. 떨려서 눈앞이 하얘진 채로, 나란 사람의 이야기를 와르르 쏟아 내고는 집으로 돌아가던 길이었다. 내가 무슨 말을 했는지 기억조차 나지 않는데, 강연장에서 만났던 학생한테서 메시지를 받았다. 내 강연을 듣고 자신을 돌이켜 보았고, 피아노를 치겠다는 꿈이 생겼다는 내용이었다. 나를 통해 꿈을 찾았다니, 황송한 기분마저 들었다. 나는 학생에게 감사한 마음을 또 다른 누군가에게 전하기로 했다. 한 명이라도 내 이야기를 듣고 꿈을 찾기를 바라며, 사람들과 소통하며 살기로 마음먹었다. 그 뒤로 더 나은 내가 되어 더 나은 이야기를 들려주기 위해 늘 노력한다. 책을 읽고, 강연을 듣고, 매시간 매초 나에 대해 생각하는 시간을 가진다.

다른 사람들과 소통하며 사는 일을 택하겠다고 하자, 응원보다는 말리는 소리가 쏟아져 나왔다.

"하필 왜 그런 일이야?"

"취업은?"

"그게 돈이 돼?"

내가 바란 건 응원도 아닌 방관이었다. 그저 나를 지켜보고 기다려 주기를 바랐다. 하루가 멀다 하고 주위에서 쏟아지는 조언이 스트레스로 다가오기 시작했다. 불을 훤히 켜 둔 채로 방에 누워 멍하니 천장만 쳐다보는데, 어머니가 내 모습을 보시고는 말씀하셨다.

"스스로 여유가 없는 사람이 건네는 걱정에 흔들리지 말고, 어떤 마음으로 건네는지도 모를 응원에 들뜨지도 말고, 그저 네 마음의 소리만 들어."

나를 응원한다는 말보다 더 눈물 나게 하는 말이었다. 이때부터 나도 청소년들에게 응원한다는 말보다 수고했다는 말을 전한다. 시금까지의 노고를 칭찬하며 앞으로 미래를 더욱 반듯하게 꾸려 나가길 바라는 마음으로.

내가 걸어온 길이 지름길이 아님은 분명하다. 내가 좋아하고 잘하는 일이 무엇인지 직접 겪어 보겠다며 나선 일이 어디 한둘이었나. 지금 걷는 이 길 또한 최종 목표로 가는 지름길이 아닐 수도 있다. 하지만 멈추지 않으려 한다. 내 마음이 가려 하기 때문이다. 돌아가는 길일지언정 틀린 길은 아니라고 확신한다. 이런 판단은 남이 아닌 나 스스로 하는 것이다. 왜? 온전히 나의 일이기 때문이다.

인생은 시험 보듯 정답을 향해 풀어 가는 문제가 아니라 내가 정한 목표를 향해 나아가는 것이다. 게다가 바뀌면 큰일 날 시험 정답과는 달리, 목표는 얼마든지 수정해도 괜찮다. 목표를 금방 정하지 못해서 헤매어도, 목표가 바뀌어 되돌아가도 좋다. 자기가 스스로 개척해 온 길이라면, 그동안 헤매고 되돌아온 길을 지도로 자세히 그릴 수 있을 테니 말이다. 그 지도에는 자동차를 타고 쌩하니 지나쳤다면 놓쳐 버렸을 아름다운 풍경, 가게 이름들, 지나가는 사람 표정까지 빠짐없이 담겨 있지 않을까? 발품 파느라 다리 아프고 시간이 오래 걸렸더라도 작은 골목까지 샅샅이 들여다본 뒤 그린 지도라면, 어느 지도보다도 세세하고 사려 깊은 큰 지도가 되어 있으리라 믿는다.

일기 예보에 단골로 이런 말이 나온다. "오늘은 어제보다 더 춥

겠습니다." "오늘은 어제보다 더 따뜻하겠습니다."라고. 어제보다 오늘 더 어떠하리라는 것은 어디까지나 예상이다. 그러나 우리는 예보에 따라 옷을 갖춰 입고 집을 나선다. 아침마다 챙겨 보는 일기 예보처럼, 매일 아침 자기 삶을 예보하면 어떨까?

"오늘은 어제보다 더 행복하겠습니다."

"오늘은 어제보다 더 구체화한 꿈을 찾겠습니다."

혹자는 과거에 얽매이지 말고 미래만을 생각하자고 말한다. 그러나 어제의 내가 있었기에 오늘의 내가 존재한다. 과거를 잊으려 애쓰지 말고, 그때보다 더 나은 하루를 꿈꾸기를 권한다. 길을 헤매도 괜찮다. 그만큼 내 지도는 한 뼘 더 넓어졌을 테니까.

결국엔 다 경험

세상에는 경험해 보아야만 알 수 있는 일투성이다. 선인장을 만지면 따갑다는 것, 고추장은 맵고, 레몬은 시다는 것, 끓고 있는 라면 냄비는 뜨겁다는 것 모두 경험해 봤기에 아는 것이다. 나는 이런 소소한 경험이라도 날마다 글로 적기를 권한다. 이를테면, 오늘 내가 겪은 일은 첫째, 이 책의 한 꼭지를 썼다는 것, 둘째, 처음으로 두리안을 맛보았다는 것, 셋째, 어제 연습한 수영 때문에 온몸에 근육통이 생겼다는 것이다. 이 세 가지 경험을 적으며 세 가지를 얻었다.

엉덩이가 아프도록 오랫동안 한자리에 앉아 글을 쓰는 나는 '내 이야기 쓰기'를 좋아한다는 깨달음, 두리안을 반 통이나 먹어 치우며 다음에는 태국에 직접 가서 먹겠다는 꿈, 파스 신세여도 좋으니 수영을 열심히 배우겠다는 다짐. 별거 아닌 듯한 행동도 경험이고, 이 경험은 깨달음으로, 꿈으로, 목표로 키워 나갈 수 있다. 큰 꿈이 될 씨앗을 작다고 지나치지 말고 꼼꼼히 적어 나가자. 어제의 더딘 걸음이 큰 지도를 이루듯, 오늘의 소소한 경험들이 언젠가 내 꿈의 일부가 되어 있을 것이다.

손 번쩍! 질문 있어요!

Q 새로운 경험을 찾아 다른 일을 시작했을 때, 예전 일을 괜히 그만뒀다는 후회를 해 보신 적은 없나요?

A 모든 선택의 과정에서 후회가 없었다면 거짓말이겠지요. 다만 언제 어떤 계기로 그만두더라도 미련이 남지 않도록, 지금 내게 주어진 일에 최선을 다할 뿐이에요. '최고보다 최선을 다하자!' 어떤 일을 대하든 마음속에 1순위로 두는 말이에요. 후회하지 않도록 지금 최선을 다하기. 이게 가장 중요해요. 그리고 한 가지 더! 새로운 경험을 하면서 얻게 될 무언가를 기대해 보는 거예요. 과거에 얽매여 새로운 경험에 몰두하지 못한다면 성장할 수 없어요. 과거를 회상하기보다는 미래를 떠올려 보세요. 새로 마주한 경험 속에서 성장하겠다는 다짐이 경험의 시작이랍니다.

Q 저는 하고 싶은 게 없어요. 해 보고 싶은 경험이 없을 땐 어떻게 해야 할까요?

A 우리의 일상은 경험의 연속이에요. 이미 쌓아 온 경험이 많다는 뜻이기도 하죠. 경험이라고 해서 꼭 거창할 필요는 없어요. 해 보고 싶은 경험이 없다면 자신이 이미 겪은 경험을 돌이켜 보세요. 지난 경험에서 무엇을 얻고 느꼈는지를 떠올려 보세요. 자연스레 다음 경험은 어떤 자세로 임하면 좋겠다고 정리하는 계기가 될 거예요. 경험을 만들어 내야 한다고 생각하는 순간부터 그 경험은 부담으로 다가와요. 그러니 차근차근 이전의 경험들을 거울삼아 자신을 돌아보는 시간을 갖도록 해요.

Q 세상에는 경험할 일이 정말 많은데요, 어떤 경험을 먼저 해야 할지 모르겠어요.

A 세상에는 우리가 경험할 수 있는 일이 무궁무진하지요. 그래서 어떤 일부터 경험할지도 우선순위가 필요해요. 어떤 경험부터 해야 할지 모르겠다면, 제가 사용한 방법을 알려 줄게요! 공책에 경험해 볼 만한 일들을 적어 보세요. 사소한 경험이든 어려운 경험이든 상관없어요. 머릿속에 떠오른 순서대로 여러 일을 적은 뒤 각각의 일에 대해 마인드맵을 그려 보세요. 그 일에 관해 얼마나 관심 있는지, 왜 관심을 가지게 되었는지, 또 얼마나 알고 있는지 등을 적어 가다 보면 눈으로 확인할 수 있어요. 적은 내용이 많은 '그 일'이 당장에 경험해 봐야 할 일이에요. 알게 모르게 그 일에 관해 많은 생각을 해 왔다는 증거거든요. 그 무의식을 마인드맵을 통해 확인한 거고요. 어떤 일이든 자신에게 묻는 습관을 가지세요. 답은 자기가 이미 알고 있는 경우가 많으니까요.

인생은 1악장부터 4악장까지 연결된 교향곡

박
다
현

박 다 현 멘토

이우 고등학교 졸업
한양대학교 작곡과
너랑 미디어운영팀장

나는 어릴 때부터 하고 싶은 게 많았다. 수영을 시작하면 수영이 재미있고, 바이올린을 시작하면 바이올린이 재미있었다. 한 가지에 푹 빠진 적은 없지만 다양하게 경험할 수 있어서 하고 싶은 게 많은 내가 좋았다. 그런데 고등학교에 들어가 진로 선택을 해야 할 순간이 오니 도저히 갈피를 잡을 수가 없었다. 이것저것 다 하고 싶은 마음은, 하고 싶은 게 아무것도 없는 상태와 비슷했다. 원대한 꿈 하나 없던 나는 선택의 갈림길마다 늘 그나마 가장 재미있고 흥미 있어 보이는 일을 선택했다. 이런 식으로 나는 대안 학교인 이우 고등학교에 들어갔고, 대학 전공으로 작곡과를 선택했고, 청소년 멘토링 기업인 '너랑'에서 일하고 있다. 신기한 것은 서로 상관관계가 없어 보이는 지난 발자취들이 자세히 들여다보면 모두 연결되어 있다는 것이다. 다양하고 각각 무관해 보이던 내 발자취들. 서로 어떻게 연결되어 나를 여기까지 이끌었을까? 그 이야기를 들려주고자 한다.

인생은 1악장부터 4악장까지 연결된 교향곡

박 다 현

내 음악 역사 이야기

나는 클래식 작곡과에 재학 중이다. 작곡과라면 뭔가 어릴 때부터 음악에 단단히 미쳤거나 재능이 특출한 아이였겠다고 생각하겠지만, 실상은 아니다. 고등학교 입학 전까지 음악 관련 학과는 꿈도 꾸지 않았고, 작곡과를 전공으로 선택한 뒤에도 끝없이 방황했다. 음악이라는 분야가 특수하게 느껴져 두려웠다.

음악을 처음 시작한 계기도 특별하지 않았다. 어느 동네나 흔히 있는 피아노 학원에서 첫출발했다. 나는 혼자 방에 앉아 똑같은 부분을 열 번씩 반복하는 피아노 연습에 재미를 느끼지 못했다. 하지만 한번 시작한 일은 어느 정도는 해 보고 그만둬야 한다는 어머니의 교육 방침 덕분에 금세 포기하지 않고 학원을 계속 다녔다. 피아노에 재미를 붙일 때쯤 남동생들이 바이올린을 배우기 시작했다. 그러자 나도 마음이 동하여 바이올린을 시작했는데, 중학교에 입학해서는 송파구청 오케스트라에 들어가기에 이르렀다. 혼자 연주하던 피아노와는 달리, 오케스트라에서 다른 사람들과 소리를 만들어 가는 과정에서 벅차오르는 감동을 느꼈다. 그때 처음으로 음악이 멋있다고 생각했다.

때마침 어머니는 256MB짜리 MP3를 사 주셨고, 음악은 나와 더욱 가까워졌다. 노래를 듣다가 멜로디나 리듬이 마음에 안 들면 직접 바꿔 보고, 나중에는 머릿속에서 떠오른 멜로디를 흥얼거리기도 했다. 당시에는 그 멜로디를 악보에 옮겨 적으면 좋겠다는 생각만 할 뿐, 내가 음악에 특별한 관심을 가진 줄로는 생각지 못했다.

돌이켜 보면, '음악을 해야지!'라고 결심한 순간은 한 번도 없었지만 나는 피아노를 배우기 시작했던 여덟 살 때부터 끊임없이 음악을 해 왔다. 학생이 공부 외에 다른 것을 하면 큰일 나는 줄 아는 대한민국 사회에서 고등학교 때까지 음악을 취미로 이어 나가기가 쉬운 일은 아니라는 사실에 모두 공감할 것이다. 나는 끊임없이 나를 표현하며 살고 싶었고, 그 방식 중 하나가 음악이었다.

조금 다른 길 걷기

중학교 3학년이 된 뒤 '어느 고등학교에 갈 것인가?' 하는, 내 인생에서 가장 큰 선택지가 주어졌다. 공부를 곧잘 했던 내게 어머니는 외국어 고등학교 진학을 제안하셨다. 나는 귀가 솔깃했다. 내가 다니던 중학교 바로 옆에 같은 이름의 고등학교가 붙어 있었는데, 새로 지은 지 얼마 안 된 신식 학교였는데도 나는 가기 싫었다. 중학교 때 쌓인 불만 때문에 왠지 모를 반감이 들었다.

중학교 시절에는 무기력한 수업 시간이 괴로웠다. 존경하는 선생님도 많이 만났지만, 열정 없는 선생님, 재미없는 수업, 집중하지 않는 학생이 있는 풍경에 훨씬 익숙했다. 오랫동안 봐 와서 오히려 문제를 제기할 생각도 들지 않을 만큼 자연스러운 무기력함에 염증을 느꼈다. 또 하나는 강압적인 학교 규율이 불만스러웠다. 나는 학생의 머리 길이와 성적의 상관관계를 도저히 찾을 수가 없었다. 쓸데없어 보이는 규율에 왜 모두가 에너지를 쏟고 있는지 이해하기 힘들었다. 이러저러한 모든 이유가 외고 진학을 준비하는 동기가 되었다. 지금에야 외고라고 이러저러한 불만을 모두 해소해 줄 수 있었을까 싶지만, 그때는 그래도 외고는 뭔가 다르겠지 하는 기대가 있었다.

한참 외고 준비에 열을 내고 있을 때였다. 어머니가 이번에는 이우 학교라는 대안 학교를 하나 더 제안하셨다. 지금은 배스킨을 타면서 나름 유명해졌다지만 당시에 나는 이우 학교라는 이름은 둘째 치고, 대안 학교가 뭔지도 몰랐다. 어머니한테 들은 이우 학교는 '교복이 없고, 교문도 없고, 사교육은 금지나, 학생이 뭔가 배우고 싶어 하면 학교에서 수업을 마련해 주는 학교'였다. 얼핏 듣기에 굉장히 좋은 학교 같았다. 말이 나온 김에 한번 학교에 가 보기로 했다.

언덕 같은 낮은 산에 있는 이우 학교는 학교란 느낌이 전혀 들지 않았다. 교문도 없고, 어디서부터 학교라는 경계선도 없었다. 운동장은 아담했지만, 학교 안에는 뛰어놀 만한 공간이 많아서 답답하다는 생각은 들지 않았다. 특이하긴 했지만, 이런 곳에서 고등학교 3년을 보내면 재미있을 듯했다. 문제는 고등학교 정원이 80명이었는데, 이우 중학교에 다니는 60명이 거의 고등학교에 진학한다는 사실이었다. 그러니 사실상 고등학교에서 새로 뽑는 인원은 20명 남짓에, 1차 서류 전형과 2차 면접을 통과해야 했다. 일단 외고 준비를 계속하면서 이우 학교에 도전해 보기로 했다. 하지만 마음은 이우 학교에 더 끌렸다. 그때까지도 피아노와 바이올린을 배우고 있었는데, 외고에 진학하면 지금처럼 음악을 취미로 즐길 수 없을 것 같았기 때문이다.

당시 나는 외고와 대안 학교에 대해 어떤 사회적 통념이 있는지 전혀 몰랐다. 외고는 일반 학교보다 '공부를 더 열심히 하는 학교', 대안 학교는 일반 학교보다 '더 자유로운 학교'쯤으로 파악하고 있었다. 세상 물정에 밝지 않았기 때문에 내 상황에만 집중해서 선택할 수 있었다.

하지만 사회가 바라보는 시선은 달랐다. 내 친구만 해도 성적도 좋은 애가 왜 '대안 학교 같은 곳'에 가려 하느냐고 의아해했다. 누구는 '사교육도 금지라는 곳'에 가서 대학은 도대체 어떻게 갈 셈이냐고 걱정했고, 또 누구는 문제아들이 가는 학교가 대안 학교라고도 했다. 이와 정반대로 몇몇 선생님은 이우 학교에 가려고 하는 나를 응원해 주시기도 했는데, 사실 부정적인 반응이든 긍정적인 반응이든 나는 별 상관없었다. 스스로 옳다고 생각하고 결정 내린 일에는 남들 반응에 크게 신경 쓰지 않는 성격 탓이었다. 게다가 이우 학교에 반드시 합격하리라는 보장도 없었으니까.

나는 일단 열심히 해 보자는 마음으로 도서관에서 '자기소개서 잘 쓰는 법' 따위의 책을 읽고 자기소개서를 준비했다. 뜻밖에 1차 전형에 합격하고 2차 면접을 보러 갔을 때였다. 낯선 길에서 헤매다 30분이나 면접에 늦어 버렸다. 정시에 도착해도 떨어질 수 있는 마당에, 10분도 아니고 30분이나 늦다니. 나는 덜덜 떨리는 손으로 문을 열고 면접 장소로 들어갔는데, 선생님 두 분이 인자하고 따뜻한 미소로 맞이하시는 게 아닌가. 그 미소에 긴장이 풀어져 가벼운 마음으로 면접을 보았다.

선생님은 내가 제출한 자기소개서를 보시면서, 토론을 못한다고 생각하는 이유가 무엇인지 물어보셨다. 나는 이우 학교의 홈페이지를 보고 토론식 수업이 많다는 얘기에 내심 걱정하고 있었다. 나는 토론은 고사하고, 발표도 떨려서 못 하는 학생이었다. 수업 시간에 내 의견을 적극적으로 말하는 성격이 당연히 아니었다. 물론 자기소개서에 이대로 쓸 수 없으니, 토론을 잘하지는 못하지만 그래서 더욱 이우 학교에 들어와 토론하는 법을 배우고 싶다는 식으로 에둘러 썼다. 나는 선생님의 질문을 받고, 토론할 때 이쪽 사람 말을 들으면 그 말이 맞는 것 같고, 저쪽 사람 말을 들으면 그 말도 맞는 것 같아서 잘 판단을 못 내리겠다고 대답했다. 실제로 그랬다. 판단을 내리기는커녕, 이쪽저쪽 이야기에 고개를 끄덕이다가, 정작 마지막에는 내 의견이 무엇이었는지 까먹을 때가 많았다. 토론만 하면 자기 주관이 뚜렷하지 못한 내가 한심해서 싫었다. 그런데 면접을 보시던 선생님께서 뜻밖의 대답을 하셨다.

"남의 말을 잘 들어주는 건 좋은 능력이네요. 토론할 때 남의 이야기는 듣지도 않고 자기 의견만 고집하는 사람도 있는데."

이우 학교는 내게 그런 곳이었다. 다양한 아이들을 포용하고, 사회의 '일반적인' 기준과 다르다 하여 이상한 아이로 낙인찍지 않고 같이 가려고 발맞춰 주는 학교.

머리 아팠던 진로 선택

내가 이우 학교를 선택한 까닭은 음악을 취미로라도 이어 가고 싶어서였다. 하지만 음악을 전공으로 삼을 생각은 전혀 없었다. 그때만 해도 내게 음악이란, 특히 작곡이란, 대단한 음악적 재능을 지닌 천재 같은 사람이 하는 것이었다. 나처럼 평범한 아이는 도전조차 하지 못할 대단한 것.

그런데도 은연중 작곡을 해 보고 싶다는 생각은 있었나 보다. 학기 초에 친구들과 이야기를 나누다가, 작곡을 한번 배워 보고 싶다는 말이 나왔다. 그 말이 어떻게 퍼졌는지, 한 친구가 자기와 같이 작곡을 해 보지 않겠느냐고 제안해 왔다. 그 친구도 나처럼 평범해 보이는 아이라 충격을 받았다. 평범한 우리가 그 대단한 걸 할 수 있단 말인가! 그런데 신기하게도 어쩌면 정말 가능할지도 모르겠다는 마음이 동시에 들었다. 우리의 작곡 프로젝트는 다른 여러 일 때문에 바빠져서 기타만 몇 번 뚱땅거리다가 끝나고 말았지만 그 일은 내게 전환점이 되었다. 음악을 정녕 내 길로 삼을 수도 있겠다는 생각이 강하게 들었다.

어디서부터 시작해야 할까. 나는 막막하기만 했다. 작곡은 학교에서 가르쳐 줄 수 있는 부분이 아니니 사교육을 받는 방법도 있었다. 하지만 정보가 전혀 없었다. 작곡에 관련된 책을 읽어도 모르겠고, 주변에 음악을 전공한 사람도 없었다.

작곡의 장벽은 한없이 높아 보였다. 음악을 취미로 즐기는 것과 전공으로 삼는 것 사이에는 엄청난 간극이 존재했다. 중학교 때까지야 이거 하고 싶다, 저거 하면 재미있겠다, 같은 말을 쉽게 하지만, 막상 진로를 결정할 때가 오니 내가 좋아한다고 생각하던 것도 정말 좋아하는 게 맞는지 확신이 서지 않았다. 설사 진짜 좋아한다고 해도, 그 이유만으로 진로를 결정할 수는 없었다. 그럼 좋아한다는 이유 말고 뭐가 더 필요했을까?

내 머릿속에 크게 자리한 걱정은 바로 '재능'이었다. '혹시 내가 재능이 없으면 어떡하지?' 하는 고민이 컸다. 좋아하면서 재능을 발휘할 수 있는 일을 찾기란 매우 어렵다. 특히 예술은 누가 잘하고 못하고를 점수로 명확히 환산할 수 있는 분야가 아니다. 이를테면, 내가 수학과에 가고 싶은데 수학 시험을 50점을 맞는다면 수학과를 포기해야겠다거나, 적어도 앞으로 어느 정도 노력을 더 해야겠다는 계산이 나온다. 하지만 작곡은 다르다. 시험 점수처럼 절대적인 비교는 물론이고, 다른 사람과 견주어 상대적인 비교조차 하기 힘들다. 혼자 고민하느니 전문가를 만나면 판단을 빨리 내릴 수 있을 터였다. 하지만 두려웠다. 스스로 능력을 지닌 줄 알았다가 전문가로부터 재능 없다는 소리를 들으면 어떻게 할 것인가? 내게 재능이 있는지 없는지 어떠한 판단도 듣기 전인 지금은 마음껏 꿈꿀 수 있지만, 행여나 재능 없다는 소리를 들으면 지금까지 품어 온 꿈들이 모조리 끝장날 듯 불안했다. 그렇게 바보같이 혼자 끙끙 앓으며 시간만 흘려보냈다.

진로 고민은 끝날 줄을 몰랐다. 학교에서 진로 선택 얘기만 나오면 한없이 작아졌다. 좋아하는 건 넘치는데, 파고들고 싶은 딱 하나가 나타나지 않았다. 작곡을 전공할지 고민하긴 했지만 사실 작곡 말고도 하고 싶은 것은 많았다. 나는 체육을 좋아했고, 국문학을 공부하고 싶기도 했다. 수많은 갈래 중 마지막까지 남은 두 개는 작곡과와 사회복지학과였다.

사회복지학과는 그동안 내가 늘 다른 사람을 도와주는 데서 행복을 느꼈다는 점에서 고른 학과였다. 나는 어릴 때부터 '차별'에 굉장히 민감했는데, 반에서 겉도는 아이가 있으면 나부터 그 친구에게 먼저 다가가려고 노력했다. 의식적으로 밝게 대하면 그 친구들도 점점 밝아지는 걸 느꼈고, 내가 누군가에게 긍정적인 영향을 줄 수 있다는 사실이 내게도 큰 원동력으로 다가왔다. 그래서 따뜻한 힘이 필요한 사람들에게 내 에너지를 나눠 주고 싶다는 꿈이 생겼다. 이 꿈을 체계적으로 실현시켜 나아가기에 사회복지학과가 적격이라고 생각했다.

두 갈림길 사이에서 고민하는 와중에도 또 다른 선택지가 떠올라 고민은 깊어만 갔다. 딱 하나만 고르려니 힘들었다. 한번 결정을 내리면 평생 그 결정대로만 살아야 할 듯한 두려움에 사로잡혔기 때문이다. 어찌나 고민에 시달렸던지, 급기야 수업 시간에 진로 얘기를 하던 중에 밖으로 뛰쳐나가 울 지경에 이르렀다.

이렇게 치열하게 고민한 끝에 드디어 결정을 내렸다. 내 선택은 작곡과였다. 첫 번째 이유는, 사회복지학과를 가야만 다른 사람에게 힘을 줄 수 있는 건 아니라고 생각해서였다. 사회복지학과에 가기보다 지금부터라도 실천하는 것이 중요하다고 판단했다. 두 번째는, 누군가에게 도움을 주려면 도와줄 능력을 갖춰야 한다고 생각했다. 내게는 음악이 바로 능력이 될 수 있을 거라고 믿었다. 세 번째는 가장 단순하면서도 핵심적인 이유였는데, 4년 동안 이어질 대학 생활에서 사회복지학보다는 음악을 배우는 게 더 재미있을 것 같았다. 음악의 무엇에 내가 감동하고 행복해지는지 공부하고 싶었다. 마음을 정리하고 나니 작곡을 배울 용기가 생겼고, 고등학교 1학년이 끝나갈 무렵부터 작곡 레슨을 시작했다.

이토록 힘겹게 시작한 작곡 레슨이었다. 그런데도 나는 갈피를 잡지 못한 채 계속 방황했다. 음악의 새로운 부분을 배우는 건 재미있었지만, 막상 공부를 시작하니 숙제를 안 해 가는 날이 많을 정도로 음악에 푹 빠지지 못했다. 그러자 한쪽으로 제쳐 버렸던 다른 선택지가 눈앞에 아른거렸다. 당시 내 일기장을 보면 온통 작곡 이야기다. '작곡을 계속 배워도 괜찮을까?' '이만큼 돈을 투자할 가치가 있는, 나의 길일까?'처럼 의심에 찬 문장이 일기장을 메웠다. 그만큼 나는 불안했다.

그즈음 이런 진로 고민에 빠진 친구는 나뿐만이 아니었다. 문과냐, 이과냐, 하는 선택부터 시작해서 다들 인생에서 처음 경험하는 중대한 선택의 갈림길에서 갈팡질팡하고 있었다. 물론 하고 싶은 게 또렷한 행운아도 있었지만, 대부분은 나와 비슷했다. 이런 고민을 학교에서도 알고, 2학년 때는 인턴십 프로그램을 진행했다. 바로 이 프로그램에서, 나는 작곡과를 전공하기로 마음을 굳힌 강연을 만났다.

어느 구로 문화재단에서 일하시는 분이 '예술 경영'을 주제로 한 강연이었다. 옆에서 아이들이 꾸벅꾸벅 졸 때, 내 귀에 쏙쏙 박히는 말이 있었다. 그분이 작곡과를 졸업했다는 것, 문화재단에서 여러 가지 일을 하는데 그중 형편이 어려운 아이들을 대상으로 무료로 악기 연주를 가르쳐 준다는 것, 음악 레슨을 저렴하게 진행한다는 이야기였다. 음악이라는 재능으로 남을 돕고자 했던 내 꿈에 완벽히 부합하는 내용이었다. 무엇보다 그분이 작곡과를 전공했다니! 작곡과를 가야만 하겠다는 결론이 나왔다.

이제 와 하는 소리지만, 내 꿈을 실현시켜 줄 다른 직업도 분명 존재했다. 내 꿈을 이루는 데 작곡과가 필수 요소는 분명 아니었다. 하지만 옆에서 아무리 좋은 소리를 많이 해도, 자신의 상황에 맞는 말만 귀에 들어오는 법이다. 그 강연으로 내 길고 긴 대학교 학과 선택에 마침표를 찍었다. 단, 이것이 학과 선택의 끝이지, 진로 선택의 끝이라고는 하지 않겠다. 긴 고심 끝에 선택한 학과지만, 대학교를 진학한 뒤로 또 한 번의 방황을 거쳤기 때문이다. 어쨌든 이번에는 작곡과에 가야겠다고 확고히 결심했기 때문이었을까? 나는 고3 생활을 정말 열심히 보냈다고 자부할 수 있다. 원인 모를 자신감에 차서, 마지막엔 대학교 지원도 단 2곳만 하는 패기를 보이며 작곡과 진학에 성공했다.

'절대'라는 말은 없다

나처럼 힘들게 진로를 선택하는 친구들에게 꼭 해 주고 싶은 말이 있다. 나는 스스로 나 자신을 잘 안다고 생각해서 "그것만은 절대 하기 싫어." "절대절대 하는 일 없을 거야."라는 말을 자주 했다. 그럴 때마다 어머니가 해 주신 말씀이 있다.

"다현아, 세상에 '절대'라는 말은 없어."

세상일이란 어떻게 돌아갈지 모르기 때문에 '절대' 하지 않을 일도 없고, '절대' 할 일도 없다는 말씀이었다. 어릴 때는 나도 아니면서 내 일을 어떻게 안다고 저렇게 말씀하시는지 화날 때도 있었다. 그런데 짧게나마 살아 보니, 역시 어머니 말씀은 틀린 게 하나도 없었다! 살다 보면 앞으로 '절대' 놀지 않겠다던 친구와 가까운 사이가 되고, '절대' 떨어지지 않고 붙어 다닐 줄 알았던 친구와 연락 한 번 안 하는 사이가 되기도 하고, '절대' 하기 싫던 일에 어느 순간 마음 끌리는 순간도 온다. 나만 봐도 그렇다. 내가 작곡과를 전공할 줄은 전혀 몰랐다. 그러니 혹시 이 순간 선택의 길에서 고민하고 있다면 다양한 가능성을 열어 두길 바란다. 나처럼 '저런 건 내 능력으로는 절대 못 해.'라거나 '나랑은 절대 어울리지 않는 일이야.'라며 미리 자신의 한계를 그어 놓지 말기를 바란다. 내가 작곡을 같이해 보자던 친구의 제안을 지레 겁먹고 거절했더라면, 지금쯤 내 인생의 큰 기쁨을 놓쳤을지도 모른다.

두 번째로, 다양한 것을 시도하고 경험하길 바란다. 하고 싶은 게 없어서 아무것도 하지 않는다는 학생을 종종 만나는데, 어떤 일이든 직접 겪어 보기 전까지 내가 진정으로 그 일을 싫어한다고, 혹은 좋아한다고 섣불리 말할 수 없다. 하고 싶은 것이 없다면 더욱 하고 싶은 일을 찾아 나서야 한다. 어떤 일을 경험하고 부딪친 뒤에 나와 맞지 않는다는 판단을 내리더라도, 그만큼 한 발짝 더 나아간 것이니 이다음에 더 나은 선택을 할 수 있다. 하고 싶은 일이 없는 학생일수록 더 열심히 뭔가를 해 둬야 한다. 그래야 나중에 내가 진정으로 하고 싶은 일이 생겼을 때 그동안 쌓아 두지 않은 것 때문에 발목 잡힐 일이 없다.

세 번째로, '절대'라는 말은 없기에 우리는 인생에서 조금이라도 더 끌리는 선택지가 있다면 그것을 선택해야 한다. 세상은 언제나 우리의 생각대로 흘러가지 않는다. 그래서 더욱 지금 이 순간에 내가 원하는 걸 해야 한다. 돈을 잘 번다거나 안정적이라는 이유로 내가 하고 싶지 않은 일을 선택했을 때, 나중에도 그 일이 돈 잘 벌리고 안정적이리라는 보장은 없다. 내가 작곡과를 선택했을 때 "작곡과 나와서 뭐 하고 살래?"라는 우려의 목소리를 많이 들었다. 하지만 지금의 청년 취업난이 비단 작곡과에 한정된 일이겠는가. 물론 예술 쪽의 현실이 더 각박하다는 사실은 알지만, 어차피 무엇을 해도 힘들다면 내가 조금이라도 더 하고 싶은 걸 하면서 힘든 쪽이 낫지 않을까?

인생은 1악장부터 4악장까지

솔직히 고백하자면, 지금 내가 품은 목표 또한 언젠가 바뀌리라고 생각한다. 치열한 고민 끝에 들어온 작곡과에서도 방황했기 때문이다. 내 머릿속으로 상상했던 작곡과와 실제 대학 생활 사이에는 간극이 있었다. 그래도 작곡과에 왔기에 내가 좋아하는 음악 이야기를 사람들과 마음껏 나눌 수 있었다. 또 라디오 팟캐스트와 음악 웹진을 운영하고, 미얀마 아이들에게 음악을 가르쳐 주는 해외 봉사 활동을 마치고 왔다. 이러한 여러 활동 속에서 만난 인연으로, 지금은 '너랑'에 들어와 음악 진로 관련 멘토로 활동하고 있다. 당시에는 별 소득이 없다고 치부했던 활동 하나하나가 다음 활동으로 이어지는 연결 고리가 되어 주었다. 지금 '너랑'에서 하는 활동 또한 내가 계속 꿈을 펼쳐 나아가는 데 또 하나의 연결 고리가 되리라 믿는다.

나는 스티브 잡스가 강조한 '연결점(connecting dots)'을 믿는다. 스티브 잡스는 학교를 자퇴하고 방황하던 시절에 우연히 서체 수업을 들었다. 이때 배운 내용이 매킨토시의 여러 혁신적인 기능에 적용되었다며, 자신이 해 온 여러 일이 당시에는 몰라도 훗날 언젠가는 연결되리라는 믿음을 지니고 살라는 이야기였다. 내게 그 흔한 롤모델 하나 없어도, 이 이야기만큼은 가슴 깊이 새겨 두었다. 내 상황에 딱 들어맞는 이야기였고, 이따금 남과 다른 선택을 할 때마다 큰 힘이 되었다. 아직은 내 선택이 옳은지는 몰라도, 적어도 내 삶을 행복하게 해 주었다고 자신 있게 말할 수 있다.

인생은 1악장부터 4악장까지, 하나의 곡이다. 교향곡은 1악장, 2악장 등의 작은 악장들이 모여 이룬다. 각 악장을 따로따로 들으면 다른 곡처럼 들리지만, 이들이 연결되어 웅장한 교향곡이 완성된다. 인생도 교향곡처럼 각기 다른 경험이 연결되어 완성될 것이다. 지금까지 막연하게 음악으로 다른 사람에게 힘이 되고 싶다는 내 꿈처럼, 아주 사소한 꿈이라도 이를 이루기 위해 움직인다면, 언젠가는 작은 발걸음들이 큰 꿈까지 이어질 것이다. 그러니 아직 꿈이 없다거나, 구체적인 무언가를 결정하지 못했다고 낙담하지 않으면 좋겠다. 인생은 1악장부터 4악장까지다. 모두 자기만의 멋진 곡을 써 나갈 수 있기를.

손 번쩍!
질문 있어요!

Q 음악을 좋아하는 학생입니다. 최근에는 작곡에도 흥미가 생겼는데, 사실 다른 것도 좋아하는 게 많거든요. 작곡을 하려면 꼭 작곡과에 들어가야 하나요?

A 결론부터 말하면 아니에요. 저는 음악을 좋아하고, 하고자 하는 마음만 있다면 누구나 작곡할 수 있다고 생각해요. 다만 작곡 공부를 하면서 음악 이론을 배우면 내가 표현하고자 하는 부분을 음악으로 더욱 잘 표현할 수는 있어요. 이론을 하나도 모른 채 작곡하는 경우, 음악적 센스가 부족하다면 뭔가가 이상해도 어디가 왜 이상한지 알기 힘들어요. 하지만 음악 이론을 공부하면 이론적인 측면에서 이상한 이유를 파악하기 수월해지지요. 물론 이론대로 만든 음악이 언제나 좋은 음악은 절대 아니지만요.

만약 다른 것에도 흥미가 많다면 일단 다른 일도 병행하면서 작곡은 취미로 시작해 보면 어떨까요? 혼자서 작곡을 하다 보면, 더 많은 걸 표현하고 싶어지는 순간이 올지도 몰라요. 그때 다시 한 번 고민해 봐도 좋을 것 같아요.

Q 작곡과에 들어가면 어떤 것들을 배우게 되나요?

A 먼저 클래식 작곡과의 경우, 들어갈 때 4가지 실기 시험을 봅니다. 피아노, 청음, 화성학 그리고 작곡이죠. 이런 기본적 음악 이론을 바탕으로 대학에 입학한 뒤에는 더욱 심화된 지식을 배워요. 시창 청음, 화성학, 건반 화성학, 악기론, 음악사 등 작곡에 필요한 음악 이론들에 더욱 깊숙이 파고들지요. 가장 중요한 건 실기 시험이

에요. 학교마다 다르지만, 보통 한 학기에 실기 시험이 두 번 있어요. 대학에 들어와서 배운 이론을 바탕으로 곡을 하나 쓰는 건데요, 자기 마음대로 쓰는 것이 아니라 학교에서 정해 주는 편성과 형식에 맞추어 쓰는 거죠. 물론 학년이 높아질수록 다양하고 많은 악기로 곡을 쓸 수 있어야겠죠? 1학년 때는 가장 친숙한 피아노로 곡을 썼다면, 학년이 높아질수록 더 많은 악기에 대해 알고 있어야 하고, 나중에는 오케스트라를 위한 곡을 쓰게 됩니다.

Q 다양한 경험들이 연결되어 '나'를 만들어 간다고 하지만, 막상 경험할 때에는 이 일을 하는 것이 맞는지 두려워요. 이럴 때 어떻게 해야 하나요?

A 저는 어떤 일을 시작할 때마다 이런 결심을 해요. '무엇이든 하나는 얻어 가자!' 사실 어떤 선택을 하더라도 후회가 남을 때가 많아요. 막상 경험해 보니 생각했던 것과 다르다든지, 기대 이하라든지 말이에요. 하지만 경험하면서 어떤 일이 자신에게 맞지 않는지를 깨닫는 것 자체가 큰 수확이에요. 그리고 일에 대한 기대가 깨졌더라도 뜻밖에 다른 부분에서 깨달음을 얻을 수도 있지요. '이런 일은 나한테 맞지 않구나. 하지만 좋은 사람들을 만났네.'라는 식으로요. 제 경우는 이런 발견들이 상황을 긍정적으로 바라보게 해서 오히려 최선을 다할 수 있었어요. 이런 긍정적인 발견들이 그다음 도전을 할 수 있는 힘이 되어 경험과 경험을 연결해 주었지요.

열정에 관한 짧은 이야기

하수빈

하 수 빈 멘토

서강대학교 신문방송학과
너랑 홍보팀장

중학교 2학년 때였다. 성당을 같이 다니는 친구가 "너는 어떻게 살고 싶어?"라고 물었다. 몹시 당황했던 기억이 난다. "커서 뭐가 되고 싶어?" "장래 희망이 뭐야?"라는 물음은 받아 봤어도, 어떻게 살고 싶으냐는 질문은 난생처음이었다. 나는 열정적으로 살고 싶다고 대답했다. 공부도, 운동도, 게임도, 뭐 하나 잘하는 게 없던 나는 열정이라는 단어 말고는 딱히 떠오르는 말이 없었다. '아직 뭘 하고 싶은지는 모르겠지만 뭐든 열심히 하다 보면 뭔가 이루어 내겠지.'라고 생각했다. 그러니까 매사에 열심히 하면 되고, 그게 '열정적인 삶'이라고 생각했다. 만약 그런 대답을 했던 중학교 2학년 때로 돌아갈 수 있다면, 내게 한마디 해 주고 싶다.

"열정 같은 소리하고 있네."

과연 열정이란 무엇이고, 어떻게 찾을 수 있을까?

열심과 열정의 차이

잘못된 생각이었다. '매사에 열심히 사는 삶'이 '열정적인 삶'은 아니다. 열심과 열정의 사전적 정의만 봐도 이유를 알 수 있다.

열심 어떤 일에 온 정성을 다하여 골똘하게 힘씀. 또는 그런 마음.

열정 어떤 일에 열렬한 애정을 가지고 열중하는 마음.

열정에는 있고 열심에는 없는 것. 열정과 열심의 가장 큰 차이는 바로 '애정'이다. '열정'에는 그 일을 얼마나 아끼고 사랑하는지를 나타내는 감정 이입이 필요하다. '열심'이 크리스마스 선물로 연인에게 사 준 목도리라면, '열정'은 크리스마스 한 달 전부터 직접 뜨

개질해서 준 목도리라고나 할까.

만약 내가 생각했듯이 '매사에 열심히 사는 삶'이 '열정적인 삶'이라면, 나는 모든 일과 모든 사람을 열렬히 사랑하며 애정을 가지고 열중해야만 한다. 그렇게만 된다면 나는 공자, 예수, 석가모니, 마호메트와 함께 5대 성인 반열에 오를 수 있겠지만……. 나는 호불호가 확실한 사람이고, 싫은 건 죽어도 싫은 사람이다.

뜻이 아닌 쓰임에서도 열심과 열정은 다르다. 열심은 '무엇을 열심히 하다'라는 형식으로 쓰이며, 이는 부사의 형태다. 주체가 행동을 '어떻게' 하는지 꾸며 주는 말로서, 주체가 어떤 행동을 할 때의 '태도'를 규정한다. 이에 반해, 열정은 '무엇에 열정적'이라는 형식으로 쓰이며, 이는 관형사의 형태다. 주체가 어떤 '마음가짐'으로 임하는지를 나타내는 규정으로서, 주체가 갖는 속성이다. 열심이 대상에 대한 태도의 물리적인 변화를 얘기한다면, 열정은 화학적인 변화를 의미한다. 따라서 열심은 타인에게 강요받을 수 있지만, 열정은 강요받을 수 없다. 타인은 내가 겉으로 드러내는 모양새, 태도에 변화를 요구할 수 있지만, 내가 가진 마음가짐, 생각들을 강요할 수는 없기 때문이다. 마치 남녀 사이에서 "내가 너를 좋아하고 사랑하니, 너도 나를 좋아하고 사랑해야 해."라고 강요할 수 없듯이.

예를 들어 보자. 나는 학교에 다니는 동안 청소를 참 열심히 했다. 학교 선생님들은 청소를 열심히 한다고 칭찬을 정말 많이 해 주셨다. 그러나 오해가 없기 바란다. 내가 청소를 열심히 했던 이유는 선생님께 칭찬받기 위해서가 아니라, 내게 주어진 역할이었기 때문이다. 청소하면서, '내가 깨끗이 청소하면 우리 반 학우들이 상쾌한 마음으로 공부할 수 있겠지?'라고 혼자 흐뭇해한 적은 단 한 번도 없다. 그저 내게 주어진 일과 역할을 남보다 열심히, 완벽하게 수행하고 싶었을 뿐이다.

반면 축구 시합을 할 때만큼은 열정적이었다. 이렇게 얘기하면 축구를 정말 좋아하고 잘하는 사람인가 싶겠지만, 역시 오해가 없기 바란다. 처음부터 축구에 열정을 쏟진 않았다. 나는 공을 잘 못 찬다. 그래서 늘 수비를 보거나 골키퍼를 했다(남자아이 중 공을 못 차는 친구들은 대부분 골키퍼 포지션을 얻는다). 축구는 자신 없는 스포츠였고, 남중, 남고를 지내며 친구들과 어울리기 위한 수단이었다. 한 사건이 일어나기 전까지는.

고등학교 1학년 때 일이다. 그날 점심시간에는 반 대항 축구 시합이 있었고, 나는 늘 그랬듯 골키퍼를 맡았다. 나는 특별히 긴장하고 운동장에 나갔다. 우리 반이 상대할 반은 우리 학년에서도 손꼽히는 강팀이었다. 그 반에는 중학교 때까지 축구부 선수 생활을 했던, 정말 축구를 잘하는 에이스가 한 명 있었다. 보통 그 친구가 슛을 쏘면 공은 골대 안으로 들어갔고, 혹여나 들어가지 않더라도 그 공에 맞으면 정말 아팠다. 나는 '다치면 안 돼. 조심 또 조심해야지.'라고 다짐하며 경기에 들어갔다.

경기가 진행되는 동안 뜻밖에 상대편 에이스가 공을 잡는 경우는 드물었다. 나름 우리 반 아이들이 전략을 짜고 나왔는지, 상대편 에이스에게로 공이 가면 여러 명이 금방 에워싸고 공을 빼앗았다. 에이스는 답답했는지 목소리가 커졌다.

"패스!"

한순간이었다. 공은 상대편 에이스에게 전달됐고, 에이스는 금세 슛을 날릴 자세를 취했다. 중거리 슛. 눈 깜짝할 사이였다. 나는 골대 앞에 서 있었고, 공은 내가 막고 있는 방향의 반대편으로 날아가고 있었다. 그 이후 0.5초간은 정확히 기억나지 않는다.

"우아!"

운동장 벤치에서는 함성이 터졌고, 나는 운동장 바닥에 떨어졌다. 공은 골대가 아닌 아웃라인 바깥으로 나가 있었다. 우리 반 친구들의 증언에 의하면, 내가 몸을 날렸고, 손을 뻗어 공을 막았다고 한다. 경기를 뛰고 있던 우리 반 친구들이 다가와 나를 일으켜 줬다. 뭐가 어떻게 된 건지 알 도리가 없었다.

그날의 경기는 나의 활약으로 비겼고, 경기가 끝난 뒤 공을 어떻게 막았느냐는 질문이 빗발쳤다. 오후 수업을 들으러 복도를 지나 교실로 들어가는데 다른 반 친구들이 얘기하는 소리가 들려왔다.

"아까 몸 날려서 중거리 슛 막은 애다!"

그때부터였다. 내가 축구를 재미있다고 느끼고 골키퍼라는 포지션에 애정이 생긴 건. 골키퍼라는 포지션을 다시 생각해 보았다. 경기 중에 퇴장을 당하면, 다른 포지션에서 선수를 빼서 골키퍼 자리를 채운다. 다른 포지션의 선수가 다치면 다친 선수는 경기장에서 나가고 게임은 진행되지만, 골키퍼가 다치면 치료가 끝날 때까지 경기는 중단된다. 내가 기존에 생각하던 골키퍼는 축구를 가장 못하는 애가 서는 포지션이었는데, 실제 축구 경기에서는 없어서는 안 되는 가장 중요한 포지션이었다. 골키퍼에 매력을 느끼기 시작했다.

그날 이후로 나는 골키퍼를 자처했고, 골키퍼 몫을 잘하고 싶어서 유명한 선수들의 동영상을 찾아봤다. 골키퍼라는 포지션에 자부심을 느꼈고, 몸을 날려 공을 막아 내는 것에 두려움이 아닌 희열을 느꼈다. 친구들은 골키퍼로 나를 데려가려고 안간힘을 썼고, 어느새 나는 우리 학년 대표 골키퍼가 되었다. 이제 공을 찰 일이 없어졌지만, 친구들과 어울리기 위해 애써 골키퍼 자리에 서 있는 아이가 아니라, 뛰어난 반사 신경으로 날아오는 공을 향해 기꺼이 몸을 던질 최후방 수문장이 되었다.

열심과 열정의 차이를 정리해 보면, 나 스스로 호감을 느끼고 열중할 수 있는 대상의 유무다. 좋아하지 않는 것을 열심히 할 수는 있지만, 좋아하지 않는데 열정을 불태울 수는 없다.

매사에 열심히 사는 삶이 열정적인 삶과 완전히 다르다고 볼 수는 없다. 매사에 열심히 하는 것이 열심히 하지 않는 것보다 열정적인 삶에 가깝기 때문이다. 어떤 일을 열심히 한다 보면, 그 일에 대해 깊이 이해하고, 내가 좋아할 만한 일인지 아닌지도 판단할 수 있다. 내가 골키퍼라는 포지션에 애정을 느끼게 되었듯이.

또한 열정을 위해서는 나 스스로 좋아하는 것이 필요하며, 열정적인 삶을 위해서는 나 스스로 좋아하는 것을 찾아야 한다. 즉, 열정적인 삶이란 좋아하는 것을 계속 찾아내고, 좋아하는 것에 열과 성을 다해야 하는 쉽지 않은 삶이다. 좋아하는 것을 찾기 위해서는 자기 성찰이 필요하다. 내가 무엇을 좋아하고 싫어하는지, 자신을 계속해서 돌이켜 봐야 한다.

멘토링 강연을 하다 보면, "저는 하고 싶은 게 없어요. 제가 뭘 좋아하는지 모르겠어요. 어떡하죠?"라는 질문을 많이 받는다. 나도 고등학교 시절 똑같은 질문을 내게 던졌고, 대학에 온 지금도 답을 찾아가는 중이다. 다만, 질문해 준 친구들보다 조금 일찍 고민해 왔기 때문에, 내가 고민하고 답을 찾아가는 과정을 이야기할까 한다. 나와 같은 고민을 하는 친구들에게 조금이라도 영감을 주고, 스스로 답을 찾아가는 데 도움이 된다면 뜻깊겠다.

열정을 훔치다

고등학교 시절, 참 부럽고 멋있다고 생각한 친구가 한 명 있었다. 그 친구는 기타를 메고 다녔고, 드라마 피디라는 꿈이 있었고, 그 꿈을 이루기 위해 신문방송학과에 가고 싶다고 했다. 당시 나는 딱히 하고 싶은 것도, 좋아하는 것도 없었다. 내 꿈이 뭔지도 몰랐고, 대학에 진학하고 싶다는 생각은 했지만 어떤 공부를 하고 싶은지는 고민해 본 적이 없었다. 장래 희망을 이야기할 때 그 친구의 눈은 늘 빛났고, 나는 초조하고 자신 없는 눈빛을 감추려고 애썼다. 잘못한 것도 없는데 그 친구 앞에서는 늘 주눅이 들고 부끄러웠다.

시간은 흘러 고등학교 3학년이 끝났다. 대학 원서를 써서 내야 하는데, 그때까지도 앞으로 무엇을 하며 살고 싶은지, 대학에서 무엇을 공부하고 싶은지 결정을 내리지 못했다. 계속 고민하던 어느 날, 우연히 드라마 한 편을 보았다. '그들이 사는 세상'이라고, 제목부터 매력 넘치는 이 드라마는 방송국 드라마 피디의 이야기를 다루고 있었다.

드라마 피디. 순간 나를 늘 주눅이 들게 했던, 늘 눈을 빛내던 친구의 얼굴이 떠올랐다.

드라마를 보면서 충격을 받았다. 드라마 속 주인공들은 내 상식 밖의 삶을 살고 있었다. 촬영장에서 밤을 지새우는 것은 기본, 끼니도 제때 챙겨 먹지 못하고, 잘못한 것도 없는데 욕을 먹고, 허구한

날 작가, 배우들과 실랑이했다. 하루 7시간 자지 않으면 정상적인 생활을 할 수 없고, 하루 삼시 세끼를 먹지 않으면 배가 고파 제대로 걸음도 못 떼는 나로서는 이해 못 할 삶이었다. 피디를 꿈꾸는 친구에게 묻고 싶어졌다.

'너는 이런 일을 하고 싶었던 거야? 이렇게 살아도 좋다는 각오가 되어 있었던 거야?'

갑작스레 궁금해졌다. 드라마가 뭐라고. 저렇게 처참한 삶을 살면서까지 무엇을 이루고 싶은 걸까? 그들은 드라마를 통해서 무엇을 이야기하고 싶은 걸까? 나도 드라마 속 주인공처럼 내 이야기를 드라마를 통해 할 수 있지 않을까? 끊이지 않는 질문 속에서 가슴 깊숙이 불 같은 무언가가 끓어오르는 것을 느꼈다.

'저렇게 살아 보고 싶다.'

뭔가가 있을 것 같았다. 다른 직업에 비해 힘들지만, 그래도 추구할 만한 가치가 있어 보였다. 멋있어 보였다. 자신의 신념과 생각을 증명하며 살아가는 삶이 멋있어 보였다.

그래서 친구의 열정을 훔치기로 했다. 나도 드라마 피디가 되기로 했다. 드라마 피디를 장래 희망으로 가지면, 내가 부러워하던 그 친구의 빛나는 눈빛이, 확고한 자신감이 내게도 생길 것 같았다. 나는 대학 원서에 한 번도 생각해 본 적 없던 신문방송학과를 적었다. 마치 처음부터 그 열정이 내 것이었던 듯이.

좋아하는 것과 잘하는 것

신문방송학과에 들어간 뒤, 가장 먼저 (비록 훔친 꿈과 열정이었지만) 내가 좋아하는 것이니 잘해야겠다고 생각했다. 드라마 피디가 되기로 했고 그 길에 들어선 이상, 나는 드라마를 만들기 위한 모든 것을 좋아해야 했고, 남들보다 잘해야 했다. 대학교 1학년 때부터 드라마 피디가 되는 데 필요하다고 생각한 여러 수업을 들었다. 학교 수업 외에 스스로 카메라도 공부하고, 사진학도 공부했다.

틈틈이 나를 이곳에 이끌어 준 드라마 '그들이 사는 세상'을 다시 보며, 내 미래의 삶을 주인공의 모습에 대입시켰다. 그때마다 내게 필요한, 내가 잘해야 하는 분야들을 하나씩 찾아갔다. 배워야 할 것이 한둘이 아니었다. 그래서 또 영상을 공부하고, 비디오카메라를 공부하고, 편집기 다루는 방법을 공부했다. 영상 제작 동아리에 들어가 영상을 직접 찍어 보면서, 스스로 이 방면에 꽤 재능 있음을 확신했다.

대학에 온 지 3학기가 지나자, 사진 촬영, 사진 보정, 영상 촬영, 영상 편집, 시나리오 작성 등 내가 작업할 수 있는 범위가 넓어졌다. 드디어 좋아하는 것을 찾고 열정적으로 하고 있다는 생각이 들었다. 좋아하는 것을 잘하려고 노력하다 보니 나를 찾는 사람, 나를 필요로 하는 사람들도 자연히 많아졌다. 영상 관련 분야에서 일할 좋은 기회도 생겼다. 대학 생활이 참 행복했다. 그 친구의 빛나던 눈빛도, 확고한 자신감도 내 것이 된 듯했다. 나도 꺾이지 않는 대나무 같은 사람이 된 것만 같았다. 한 수업을 듣기 전까지는 그랬다.

대학교 2학년 2학기, '연출 입문'이라는 수업 첫날. 교수님이 하신 말씀이 뇌리에 꽂혔다.

"세상 사람들은 모두 각자의 방식으로 세상에 메시지를 던진다. 요리사는 자신이 만든 요리로, 화가는 자신이 만든 작품으로, 의사는 사람을 치료하는 행위로, 각자의 삶의 방식을 통해 세상에 무언가를 던진다. 드라마 피디 혹은 연출자는 이야기꾼이다. 여러분은 왜 이야기를 해야 하지? 무슨 이야기를 해야 하지? 이 두 가지 질문에 스스로 답할 수 있어야만, 여러분은 자신의 이야기를 할 수 있다."

내가 이야기를 해야 하는 이유와 이야기에 어떤 메시지를 담을 것인가를 고민해야 했다. 중학교 2학년 때 친구가 던졌던 질문처럼, 이제껏 한 번도 생각해 본 적 없는 질문이었다.

나는 왜 이야기를 해야 할까? 입이라는 신체 기관이 있어서? 사람은 타인과 어울려 살아야 하는 사회적 동물이기 때문에? 도무지 답이 나오지 않아 다음 질문부터 생각해 봤다.

나는 무슨 이야기를 할 것인가? 내 이야기. 남이 할 수 없는, 나만이 가진, 내 생각을 담은 이야기를 하고 싶다. 근데 내 안에 그런 이야기가 있나? 나는 큰 문제 없이, 고민 없이, 시련 없이 무난하게 커

온 사람인데. 그런 내 안에 특별하고 사람들의 이목을 끌 만한 이야기가 나올까? 과연 나는 16시간 동안 내 드라마를 보는 시청자들이 지루하지 않게 내 이야기를 들려줄 수 있을까? 내게서 과연 16시간 동안 영상으로 끌고 갈 이야기가 나올 수 있을까?

질문이 꼬리에 꼬리를 물었고, 내게 던지는 질문이 시간이 흐를수록 부담으로 다가오기 시작했다. 훔친 열정의 한계였을까? 좋아한다고 생각했던 드라마에, 이야기를 찾아가는 과정에, 촬영 현장과 편집실에, 예전만큼 가슴이 뛰지 않았다. 내 열정은 깊은 고민 없이 가져온 내가 좋아하는 것, 아니 좋아한다고 생각했던 것이었기에 본질적인 물음과 마주치자마자 빠르게 식어 갔다.

새로운 열정

그러던 어느 날, 우연히 광고 수업을 들었다. 그동안 드라마에만 집중했던 나에게는 이 수업을 수강한다는 것 자체가 새로운 도전이었다. 내게 있어 광고는 잠깐 흥미를 끄는, 가십거리 같은 영상의 한 장르인 반면, 드라마는 무수히 사랑받아 온 고전 소설과도 같았다. 따라서 내가 광고 수업을 들으러 강의실에 가는 것은 셰익스피어가 만화방을 기웃거리는 꼴이나 마찬가지였다. 그런데도 광고 수업을 듣기로 한 까닭은 나를 괴롭히던 질문의 답을 찾기 위해서였다. 내 안에서 찾을 수 없는 답이라면 밖에서 찾기로 했다.

이 광고 수업에서는 실제로 한 회사의 광고를 만들어 보는 실습을 했다. 먼저 그 회사가 어떤 방식으로 소비자와 소통해 왔는지, 소비자에게 회사 이미지는 어떤지, 회사의 장단점은 무엇인지 등 광고를 내보내려는 회사를 종합적으로 분석하는 방법을 배웠다. 수업 시간에 홍보 방안을 세우고, 회사 홍보팀 앞에서 조별 경쟁 피티(광고 계약을 따내기 위한 프레젠테이션)를 하는 방식으로 공모전을 진행했다. 4등까지는 상금도 주어졌다.

그때까지 나는 드라마 제작 외에는 눈길을 돌려 본 적이 없다. 특히 광고 쪽은 하나도 몰랐다. 내가 할 수 있는 최선은 열심히 하는 것뿐이었다. 그것이 팀원들에게 방해되지 않는 방법이었다. 하루 12시간씩 회의에 참석했고, 아이디어를 공유했고, 회사의 단점을 해결하는 방안을 함께 찾아갔다. 광고 문외한인 내게 쉽지 않은 일이었지만, 수업에서 배운 지식을 적용하고 문제를 찾아 해결해 나가는 광고 제작의 과정을 조금씩 즐기기 시작했다.

대망의 공모전 경쟁 피티 날. 우리 조는 한 학기 동안 어렵게 준비한 광고를 발표했다. 8개 조가 피티에 참가했고, 우리 조가 발표한 내용은 내가 한 학기 동안 배운 지식으로 비추어 봤을 때 충분히 경쟁력이 있었다. 발표 직후 교수님이 내린 평가는 3등이었다.

일주일 뒤. 회사 홍보팀의 최종 평가가 발표되었다. 결과는 충격적이었다. 우리 조는 5등으로 밀려났다.

그날 밤, 잠이 오지 않았다. 우리 조가 3등에서 5등으로 떨어진 상황도, 그래서 날아가 버린 상금도, 잠이 오지 않을 만큼 큰 문제는 아니었다. 다만 그러한 결과가 나온 이유가 궁금했다. 광고 문외한인 내가 봐도 별로라고 생각했던 팀이 경쟁 피티에서 1등을 했다. 발표를 잘했나? 아이디어가 좋았나? 결과를 이해할 수 없었다.

다시 컴퓨터를 켜고, 우리 조가 준비한 발표 자료와 다른 조의 자료들을 비교했다. 발표 당일에는 생각지도 못했던 부분들이 보이기 시작했다. 내가 고려하지 못했던 점까지 깊이 생각해서 아이디어를 도출한 조도 있었고, 문제의 핵심을 파고들지 못한 조도 있었다. 하지만 아무리 뜯어봐도 1등이 왜 1등인지 알 수 없었다. 내가 생각한 방법이 대중에게 호소하기에 더 효과적으로 여겨졌다. '이 회사 사람들은 이렇게 안목이 없나?'라고 생각한 순간, 전에 읽은 책 한 구절이 떠올랐다.

> 마찬가지로 이 세상에 무의미한 것은 하나도 없었다. 이 세상은 온통 읽혀지기를, 들려지기를, 보여지기를 기다리는 것들 천지였다.'
>
> – 김연수, 《네가 누구든 얼마나 외롭든》에서

갑자기 가슴이 뜨거워지기 시작했다. 드라마에서 찾지 못한 본질적인 질문에 대한 해답이 광고라는 분야에서 보이기 시작했다. 이 세상에 무의미한 것은 하나도 없다. 진짜 그랬다. 아직 세상에 나오지 못한 메시지들이 너무나 많았다. 정말 좋은데 사람들에게 알려지지 않은 것들, 그 모두가 내가 할 수 있는 이야깃거리였다. 그것이 왜 좋은지, 얼마나 좋은지, 어떻게 좋은지, 사람들이 공감하도록 이야기에 매력을 입히는 것이 내가 하고 싶은 일이었다.

다음 학기에 당장 휴학하고, 혼자 광고를 공부했다. 매일 도서관에서 광고에 관련된 책을 읽고, 매일 새로운 광고를 찾아봤다. 광고 공부는 하면 할수록 재미있었다. 기존의 광고가 생각했던 방식이 신기했고, 새로운 접근 방법을 모색하기 위해 고민하는 과정이 즐거웠다. 내 앞에 있는 휴대 전화, 컴퓨터, 이어폰, 커피, 물병 등 이 세상 모든 것이 내게는 광고할 수 있는 대상이었다. 이 세상 모든 것들이 가진 쓰임새, 장점, 단점, 특징 그리고 본질, 존재 이유까지도 유심히 고민했다. 또 어린아이부터 나이 지긋한 어르신까지 이 세상 모두가 내가 만든 광고로 행동 변화를 일으켜야 하는 사람들이었다. 어린아이가 어떤 생각을 하고 사는지, 어른들은 무엇을 좋아하는지, 왜 좋아하는지 혼자 고민하고 궁금하면 물어봤다. 이렇게 날이면 날마다 일상에서 공부했다.

광고를 공부하던 어느 날, 갑자기 나를 시험해 보고 싶어졌다. '이 회사 사람들은 이렇게 안목이 없나?'라며 잠 못 들던 그날 밤의 질문이 '나는 광고를 보는 안목이 있나?'라는 질문으로 바뀌어 내게 돌아왔기 때문이다. 답을 찾기 위해, 나는 광고 공모전 입상이라는 작은 목표를 설정했다. 광고 공부를 시작한 지 얼마 되지 않아 대학 친구 한 명과 첫 번째 광고 공모전에 도전했다. 밤을 새워 가며 고민했다. 나름 멋진 아이디어가 나왔고, 그것을 만족할 만큼 시각화 했다. 그러나 결과는 예선 탈락이었다. 공모전에서 입상한 작품들을 보며 좌절했다. 세상에는 나보다 더 깊이 생각하고 참신한 아이디어를 갖춘 사람들이 많았다. '나는 광고를 만드는 재능이 없는 것 아닐까?' '내가 광고로 먹고살 수 있을까?'라는 본질적인 질문이 다시 내게 찾아왔다.

그러나 이번엔 좀 달랐다. 열정이 식지도 않았고, 다른 곳으로 눈을 돌리지도, 피하지도 않았다. 문제를 직시했다. 광고를 더 많이 공부하고, 부족한 점을 스스로 분석했다. 깊이 있는 사고가 부족했다고 느껴지면 철학, 역사, 심리학, 정치, 경제 등 인문 및 사회 과학 도서를 찾아봤다. 세상 모든 것에 더 깊은 관심을 기울였고, 생각의 지평을 넓히려고 애썼다. 광고 공모전 특강도 수강하며 작은 목표를 이루기 위해 노력했다. 결국, 광고를 공부한 지 6개월 만에 한 광고 회사에서 주최한 광고 공모전에서 입상했다.

열정적으로 살고 싶다면

다시 처음으로 돌아가서, 열정이란 무엇일까? 열정이라는 단어에서 느껴지는 이미지를 생각해 보자. 강렬한, 뜨거운, 주체할 수 없는 에너지와 같은, 나를 가슴 뜨겁게 하는, 실체를 알 수 없는 무언가. 그 무언가는 나를 의욕적으로, 적극적으로, 열심히 하는 사람으로 만들어 주는 듯한 느낌을 준다.

그러면 무조건 열정적이면 만사 해결일까?

'무엇을 하든 내게 주어진 일을 열정적으로 열심히 하면, 남부끄럽지 않게 인정받고 살 수 있을 것 같다. 그래서 열정만 있으면 이 세상 잘 살아갈 수 있을 것만 같다.'면 아래의 이야기를 읽고 다시 생각해 보기를 바란다. 열정이 어떻게 왜곡되고 삶을 그르치는지.

1961년 이스라엘에서 한 남자의 죄를 묻는 재판이 열렸다. 이 남자의 이름은 칼 아돌프 아이히만. 제2차 세계 대전 당시 나치 독일의 관료였다. 그는 자신을 오직 국가의 명령에 따라 충실히 움직인 관료라고 설명했다. 실제로 그는 지극히 평범하고 정상적인 사람이었으며, 자신에게 주어진 일에 책임 의식을 갖고 열심히 수행한 공무원이었다. 아이히만은 자신이 단 한 명의 유대인도 직접 죽이지 않았으며, 자신은 명령을 성실히 수행했을 뿐이라고 주장했다. 아이히만이 맡은 임무는 유럽 각지에서 유대인을 열차에 태워 폴란드 수용소로 이송하는 일이었다. 그가 성실히 이행한 임무는 600만

명의 유대인을 학살하는 비극을 낳았다. 아이히만은 그저 자신에게 주어진 일에 최선을 다했을 뿐, 자신이 하는 일에 어떤 의미가 담겼는지 생각하지 않았다. 즉, 자신이 어떤 일에 열정을 쏟고 있는지, 열정을 쏟은 일이 옳은지 그른지 판단하려 하지 않았다.

잘못된 방향으로 열정이 발휘될 경우, 아이히만의 이야기처럼 엄청난 비극을 낳을 수도 있다. 열정은 큰 힘이다. 한 사람이 인생을 살아가는 데 원동력이 되기도 하고, 한 사람의 열정이 다른 사람에게 전이되어 더 큰 열정을 만들기도 한다. 우리는 그 힘을 어디에 어떻게 쏟을지 고민해야만 한다. 열정이라는 불길이 나를 덮쳐서도 안 되고, 남에게 피해를 주어서도 안 된다. 우리가 열정이라는 큰 힘을 제어할 수 있을 때, 열정은 앞으로 살아가는 데 유용한 도구가 된다.

그렇기에 가장 먼저 할 일은 여러분이 어떤 사람인지 스스로 알아 가는 것이다. 열정은 내가 좋아하는 것에만 쏟을 수 있고, 내가 좋아하는 것은 그 누구도 좋아하라고 강요할 수 없다. 내가 좋아하는 것을 알기 위해서는, 내가 무엇을 좋아하는 사람인지 먼저 알아야 한다.

내가 좋아하는 것에 대해 계속 생각하자. 또한 그걸 왜 좋아하는지, 좋아한다는 걸 알았을 때 어떤 느낌이 드는지, 가슴이 떨 때는 어떤 느낌인지, 좋아하는 것에 열중할 때 나는 어떤 상태인지, 좋아하는 것을 할 수 없을 때 나는 어떻게 하는지, 좋아하는 것을 질하기 위해 나는 어떤 식으로 노력하는지, 좋아하는 것을 하다가 난관에 부딪쳤을 때는 어떤 방법으로 해결해 나가는지를 생각해야 한다. 좋아하는 것에는 분명 이유가 있다. 매번 자신을 돌아보면서, 어떤 것에 어떻게 반응하는지 스스로 살펴보자. 순간순간의 모습이 모여 자신을 구성하고, 그것들이 쌓여 '나'라는 사람이 될 테니까.

나 알아가기

내가 멘토링 강연에서 친구들에게 위와 같은 이야기를 하고 "지금부터 내가 어떤 사람인지 알아보세요."라고 하면, 많은 친구가 혼자 골똘히 생각에 잠기는 모습을 보인다. 나도 고등학생 때는 공책에 '나'라는 한 글자를 쓰고, 한 시간이고 두 시간이고 뚫어져라 쳐다보고 생각한 적이 있다. 그러나 '나'라는 글자 외에 더는 아무것도 쓸 게 없었다. 답이 내 안에 없다면, 아무리 찾으려 한들 답은 절대로 나오지 않는다. 그럴 때 우리는 밖에서 답을 찾아야 한다.

먼저 내 주변을 관찰해 보자. 주변에 있는 것을 보면 내 취향을 알 수 있다. 또 나와 말이 통하는 친구, 함께 생활하는 사람들은 나와 닮았거나 취향이 비슷한 경우가 많다. 내 주변 친구들이 무엇을 좋아하는지, 나도 그것이 좋은지 생각해 보면 내가 무엇을 좋아하는지 힌트를 얻을 수 있다.

다른 사람들한테서 내 이야기를 들어보는 것도 방법이다. 다른 사람의 시각에서 보는 내가, 스스로 바라보는 나보다 객관적일 때가 있다. 내가 깨닫지 못했던 버릇이나 습관을 알 때도 있다. 다른 사람들이 생각하는 나 역시, 내 여러 가지 모습 중 하나이며 나를 알아가는 데에 있어 새로운 가능성을 제시하기도 한다.

또한, 여러 사람의 이야기에 관심을 두고 경청해 보자. 여기서 '여러 사람의 이야기'는 말뿐만이 아니라 신문, 책, 영화, 광고 등 여러 매체를 포함한다. 다른 사람들은 어떤 생각을 품고 사는지, 그 사람이 하는 이야기가 평소 내 생각과 비슷한지, 혹은 앞으로 살아가는 데 도움이 될 생각인지, 그저 한 귀로 흘려버릴 이야기인지 판단해 보자. 다른 사람들이 무슨 말을 하는지 유심히 듣지 않으면, 나 역시 무슨 말을 해야 하는지 알 수가 없다. 마찬가지로 세상을 열정적으로 살아가는 사람들이 어떤 이야기를 하는지 알아야만 내 열정에 대해서도 이야기할 수 있을 것이다.

아직 내 안에서 답을 찾을 만큼의 정보가 부족하다면, 다른 사람의 이야기를 통해 정보를 습득하는 과정이 필요하다. 이는 관심에서 시작한다. 내 주변에 관심을 갖고, 조금만 눈과 귀와 생각을 열어 보자. 나를 둘러싼 많은 것들이 이야기를 건네고 있을 것이다. 내 생각의 지평을 열어 주고, 나를 알아 가고 나를 만들어 가는 데에 많은 도움이 될 이야기들이.

나는 최초에 열정적으로 살기를 바랐고, 친구의 열정을 훔쳤으며, 훔친 열정은 식었고, 새로운 열정을 발견했다. 이러한 열정의 변천사는 내가 무엇을 좋아하는지, 내가 어떤 사람인지를 알아 가는 데 꼭 필요한 과정이었다. 나를 앎으로써 비로소 진정한 열정을 꽃피울 바탕을 다진 셈이다.

열정이라는 꽃은 분명 한 송이는 아닐 거다. 살아 있는 모든 것은 시간이 지나면 변한다. 지금까지 알던 내가 시간이 지나면 바뀔 수 있다. 좋아하는 것도 바뀌고, 생각하는 방식도 바뀐다. 내가 나에 대해서 알아 온 것만큼, '되고 싶은 나, 만들고 싶은 나'가 또 생겨날 것이다. 열정이 주는 가장 큰 선물은 새로운 가능성 앞에서 느끼는 두근거림이다. 그 두근거림을 계속 느끼고 싶다면 앞으로도 변화하는 나를 계속 알아 가야 한다. 자신에 대해 생각하기를 멈추지 말자.

손 번쩍! 질문 있어요!

Q 내가 '좋아하는 것'을 어떻게 알아봐요?

A 그 분야에 대해 이것저것 찾아보려 하는 내 모습을 만났을 때, 그때 내가 좋아하는 것을 찾았다고 생각해요. 좋아한다는 의미는 '끊임없이 알고 싶어 한다.'와 같아요. '끊임없이'가 열정의 또 다른 모습이라고 볼 수 있죠. 단순히 '마음에 든다.'는 느낌으로 끝나는 게 아니라, 그것에 대해 더 알고 싶어서 찾아보고 연구하고, 내 것으로 만들 수 있는지 없는지 생각해 보고, 내 것으로 만들 수 있다면 그 과정까지 생각하게 만드는 것. 그런 것이 바로 '좋아하는 것'이라는 생각이 듭니다.

그리고 '좋아하는 것'은 지금 당장 나를 움직이게 만들어요. 두뇌 회전부터 빠르게 일어나죠. 좋아하는 것에 대해 궁금증이 생기면 궁금증을 어떻게 해결해야 할지부터 생각하게 해요. 책을 찾아보고, 잘 아는 사람에게 물어보는 과정에서 가슴이 두근거리기 시작하죠. 그러나 보통은 원하는 답이 쉽게 나오지는 않아요. 답을 알게 돼도 왜 그런 답이 나왔는지 이해하기까지는 시간이 걸리기도 합니다. 계속 생각하고, 알기 위해 움직이게 되죠. 나를 계속해서 움직이게 만드는 것, 이것이 내가 '좋아하는 것'입니다.

Q 나를 알아 가는 과정은 어떻게 시작하면 되나요?

A 일상적인 것부터 알아 가도록 하세요. 밥 먹는 데 걸리는 시간 같은 거요. 저는 밥을 참 빨리 먹어요. 그럼 저는 밥을 빨리 먹는 사람이에요. 저는 밥을 빨리 먹으니까 점심시간이 여유롭고, 그래서 책을 읽거나 운동하거나, 낮잠을 잘 수도 있어요. 저는 점심시간에 여러 가지 일을 할 수 있는 사람이에요.

이렇게 내가 어떤 사람인지 알게 되면, 내가 할 수 있는 것들, 하고 싶은 것들, 좋아하는 것들을 단계적으로 생각해 나갈 수 있어요. 자신을 관찰하세요. 그리고 자신에 대해 계속 생각하세요.

Q 좋아하는 것인 줄 알고 열정적으로 최선을 다하다가, 나중에 그 길이 아니라는 생각이 들면 어떡하죠? 벌써부터 걱정돼요.

A 나중에 그런 생각이 들더라도 크게 문제되지는 않아요. 그때라도 깨달은 자신한테 고마워해야죠. 더 좋아하는 것을 찾으려는 나 자신이 고마운 거죠.

열정을 바쳤던 게 아깝다고 생각하지 마세요. 그 시간과 노력은 여러분만의 노하우로 남아 있을 거예요. 한 번 해 봤으니까, 자신이 좋아하는 것에 어떤 태도로 접근하는지 어떤 모습으로 최선을 다하는지 스스로 알고 있으니까, 주변을 돌아봤을 때 좋아하는 것을 훨씬 빨리 찾을 수 있을 거예요. '좋아하는 것'을 잃어버렸다는 생각보다는 '더 좋아할 수 있는 것'을 찾고 있다 생각하면 새롭게 좋아하는 것을 찾을 때도 많은 도움이 돼요. 그리고 아직 일어나지 않은 일을 벌써부터 걱정할 필요는 없답니다.

내 행복을 지키는 설득의 기술

송주영

송 주 영 멘토

이화 미디어 고등학교 졸업
건국대학교 미디어커뮤니케이션학과
너랑 기획팀장

대학생이 되어 가장 하고 싶은 것은 '강연'이었다. '부모님은 왜 내가 하고 싶은 것마다 반대할까? 왜 선생님은 응원해 주지 않을까?' 내가 했던 고민을 똑같이 하고 있을 어린 친구들을 만나 내가 직접 갈고닦은 '설득하는 법'을 알려 주고 싶었다. 내 뜻에 반대 깃발을 드는 사람들을 내 편으로 만드는 방법! 쉽지 않으나 행복을 가져다줄 설득의 기술을 아낌없이 펼쳐 본다!

내 행복을 지키는 설득의 기술

송 주 영

난 칭찬이 제일 좋아!

집에서 엎어지면 코 닿을 거리에 커다란 공원이 있었다. 그런데도 엄마한테 가장 많이 들은 말은 "제발 나가 놀아라."였다. 어린 시절 놀이터에서 놀았던 기억보다 방구석에서 혼자 보내는 시간이 많았다. 롤러나 킥보드처럼 다른 아이들이 환장하는 놀이 기구를 사다 줘도 한두 번 타고는 거들떠보지도 않았다.

내가 혼자 놀았던 이유는 언니와 유난스레 벌어진 나이 차이 때문이다. 아빠의 마흔둥이, 늦둥이로 태어나 언니와 나이 차이가 강산도 변한다는 십 년. 언니 덕에 또래 친구보다 '신문물'을 일찍 그리고 많이 집한 나는 굳이 집 밖에 나가지 않아도 재미있었다. 연예인 브로마이드와 사진으로 도배된 언니 방에서 동요보다 가요를 더 많이 들었다. 혼자 노래 부르고 춤추는 것은 기본이요(신나는 테크노 음악에 맞춰 머리를 밤새도록 흔들 정도로 춤을 좋아했다), 언니 몰래 잡지, 책을 오려 붙이고 따라 그려 보고, 거울 보면서 화장도 해 보느라 참 바빴다. 감성 터지는 새벽 시간에는 발라드를 들으며 '시'를 쓰는 최연소 시인 노릇을 했다. 이러니 재미없을 틈이 있나! 타고난 '집순이 기질'에 빠르게 접한 '신문물'이 더해지니 집에서 나갈 일이 없었다.

집순이인 나를 맨발로라도 뛰쳐나가 운동하게 만드는 것이 있었는데, 그것은 바로 '칭찬'이었다. 어릴 때 우리 집에는 '칭찬 스티커'가 있었다. 말 그대로 심부름을 했다거나 설거지를 도와드리는 등 칭찬받을 일을 하면 받는 스티커였다(여기에는 워낙 운동을 안 하는 내가 줄넘기 100번 하기라는 강제 운동까지 포함되었다). 짜장면 쿠폰 모으듯 칭찬 스티커를 10개, 20개, 30개 등 해당 수만큼 채우면 보상이 돌아왔다.

엄마, 아빠, 언니가 주는 칭찬 스티커를 받기 위해 먹기 싫은 시금치를 두 눈 질끈 감고 먹고, 학습지를 미루지 않고 꼬박꼬박 해냈다. 돌이켜 보면 내 삶은 칭찬 스티커가 지배하고 있었다. 초등학교 입학한 뒤에도 변함없이 칭찬을 위해 살아갔다. 선생님의 칭찬을 받기 위해 언제나 '귀 쫑긋, 눈 반짝'인 학생이었다. 오로지 칭찬받기 위해 공부했다. 수업 시간이면 아예 손을 반쯤 들고 있다가, 선생님의 입에서 "발표해 볼 사람?"이라는 말이 떨어지기도 전에 가장 먼저 손을 들고 발표했다. 이유는 간단했다. 틀리건 맞건, 발표하면 칭찬받는다는 사실을 잘 알았기 때문이다.

초등학교 2학년 때, 그날도 어김없이 반쯤 손을 들고 수업을 듣고 있었다. 선생님이 질문을 던질 때마다 손을 번쩍 들었지만 6교시가 끝날 때까지 한 번도 발표하지 못했다. 내가 손을 가장 먼저 들었건, 나 혼자 들었건, 선생님은 발표 기회를 주지 않으셨다. 수업이 끝난 뒤 선생님이 나를 미워한다고 서러워하며 펑펑 울 때였다. 선생님이 나를 꼭 안아 주시며 말씀하셨다.

"말하는 연습보다 듣는 연습이 더욱 중요해. 주영아, 수업은 함께 듣는 거란다."

선생님의 위로에도 울음은 멈추지 않았다. 그때는 선생님의 깊은 뜻을 이해하지 못한 채 집에 와서까지 펑펑 울었던 기억이 난다. 그 뒤로도 내 학교생활의 우선순위는 '칭찬'이었고, 칭찬받기 위해 나만 잘하면 된다는 생각도 변함없었다. 물론 그날 이후로 발표 시간에 다른 친구의 발표도 열심히 들었지만, 이 또한 '칭찬'받기 위해 내 발표 순서를 기다렸을 뿐. '함께'라는 단어보다 '혼자'라는 단어가 더 편한 아이였다. 그러다 초등학교 4학년 때, 뒤통수를 쾅 때리는 충격적인 사건이 일어났다.

초등학교 4학년 송주영은 여전히 선생님의 칭찬을 받기 위해 숙제하고, 공부하고, 청소하는 나날을 보내다 반장 선거 날을 맞이했다. 친구를 돕고, 반을 위해 일하고 싶은 마음은 손톱의 때만큼도 없었다. 오로지 칭찬을 독차지하고 싶은 마음에 가장 먼저 손을 들고 당당히 외쳤다.

"저는 저를 추천합니다!"

용기 있게 외친 내 한마디에 스스로 감동하고 있던 찰나, 교실 분위기는 내 예상과 달리 찬물을 끼얹은 듯 싸했다. 자리에 앉으니 들려오는 작은 목소리들.

"뭐야, 쟤 진짜 왜 저래?"

"아, 또 저래. 완전 싫어."

"쟤는 뽑지 말자."

심장이 쿵쾅거리기 시작했다. 나의 당당한 모습에 박수 치고 환호하고 칭찬할 줄 알았는데, 친구들에게 나란 아이는 자기밖에 모르고, 혼자 튀고, 혼자 칭찬받으려고 선생님 뒤만 쫓아다니는 밉상이었다. 수군거리던 친구들은 서로 짠 듯이 손을 들고 "예지를 추천합니다."를 외쳤다. 그렇게 늘 조용히, 묵묵히 자기 일을 하고 친구들과 잘 어울려 오던 예지가 반장으로 뽑혔다.

나는 부반장은커녕 내가 적은 한 표, 누군지 모를 고마운 한 표, 달랑 2표를 받고 조용히 집에 와야 했다. 고래도 춤추게 했던 '칭찬'이 그날 뒤로 두려워졌다. 칭찬은 곧 '미움받는 일'이라는 생각이 들었기 때문이다.

남에게 인정받고 칭찬받기 위해 살다 보니, 내 모든 기쁨과 슬픔은 그날 받은 칭찬 개수와 선생님의 칭찬 한마디에 달려 있었다. 칭찬받지 못한 날은 우울했고, 많이 받은 날은 날아갈 듯 기뻤다. 그러나 충격의 '반장 선거 사건' 이후 칭찬은 더는 나를 기쁘게 하지 않았다. 당장에라도 학교를 떠나고 싶을 만큼 지난 내 모습이 부끄러웠다. 학교에 가는 것이 하나도 즐겁지 않았다.

풀 죽어 있는 나를 지켜만 보시던 부모님은 어느 날 좋은 기회가 생겼다며 강원도 홍천에 있는 작은 초등학교에 한 달 동안 교환 학생으로 참여하면 어떻겠느냐고 제안하셨다. 그때는 다니기 싫은 학교에서 나를 구출시켜 주시는 줄 알았다. 나중에야 '한 달 동안 주영이 스스로 멀리서 자신을 한번 볼 기회'를 주고 싶으셨다고 들었다. 2002년 여름, 월드컵 준비로 대한민국이 뜨거울 때였다. 나는 간단한 짐만 챙겨서 부모님과 함께 홍천으로 이사했다.

4개월짜리 교환 학생, 뜨거웠던 그 여름

학년마다 한 학급씩, 총 여섯 학급이었던 학교. 나는 4학년 반에 서울에서 온 (4개월짜리) 전학생으로 인사했다. 첫날 짝꿍이 데려간 '학년별 텃밭'을 보고 깜짝 놀랐다. 학교 뒤에 작은 텃밭이 있었는데, 4학년 텃밭이 가장 싱그럽고 튼실하게 자라 있었다. 텃밭을 잘 가꾼 학년에게 학교에서 상과 선물을 준다며, 반 친구들이 돌아가며 물을 주고 흙을 고르게 펴 주며 정성을 다하고 있었다.

20명이 채 안 되는 학급에서는 모든 수업이 조별로 진행되었다. 발표도, 실험도 모두 함께해야만 답을 찾을 수 있었다. 혼자 하는 건 하나도 없었다. 가끔 '혼자' 칭찬받기 위한 옛 버릇이 꼬물꼬물 올라왔지만 '함께' 움직여 하나를 만들어 내고 답을 찾는 기쁨에 서서히 맛들렸다.

몇 달 동안 '연극 발표회' 준비로 전교생 모두 분주했다. 나는 반 친구들과 함께 스토리를 짜고 각자 맡은 역할을 연기하며 발표회 준비에 최선을 다했다. 나 혼자 돋보이겠다고 대사를 길게 하거나 행동을 크게 하는 순간, 열심히 함께 준비한 연극이 물거품이 된다는 깨달음은 내게 더 특별한 의미로 다가왔다. 나는 4학년 텃밭도 열심히 가꿨다. 매일 아침 물을 주고, 잡초를 뽑았다. 반 친구들 모두와 함께 열심히 텃밭을 가꾼 덕에 교장 선생님께 칭찬받고 상도 받았다. 여름 방학에 들어가기 전, 우리는 정성껏 가꾼 상추, 깻잎, 방울토마토 등을 챙겨 운동장 나무 그늘 아래서 삼겹살 파티를 열었다. 이날의 풍경은 2002년 4강 신화보다도 더 생생히 마음에 새겨져 있다.

나는 강원도에서 교환 학생으로 지내며 혼자 앞서가는 것만이 칭찬받는 길이 아님을 깨달았다. 혼자 잘하려고 발버둥 치는 것이 얼마나 어리석은지도 알았다. 함께 이뤄 내 얻은 칭찬은 함께 나눌 수 있어 더욱 좋다는 것도 깨달았다. 서울로 돌아온 뒤, 더는 선생님에게 몇 번 칭찬받았느냐에 따라 하루 기분이 좌우되지 않았다. 강원도에서 날마다 일기를 쓴 밑에 오늘도 수고한 나 자신에게 스스로 칭찬하는 글을 적었는데, 담임 선생님이 언제나 빨간색으로 별을 5개씩 그려 주셨다. 이렇게 내 기쁨은 선생님도 부모님도 친구들도 아닌, 나로부터 시작하게 되었다.

나에게 던진 첫 번째 질문, '넌 뭘 좋아하니?'

강원도에서 돌아와 친구들을 보니 예전과는 달랐다. 다들 바쁘게 학원을 다녔다. 엄친딸들은 학원을 서너 개씩 다니며 쉬는 시간에도 숙제했다. 나는 안 저러겠지 했지만, 예외가 아니었다. 나 또한 엄마 손을 잡고 학원을 등록하기 시작했다. 중학생이 되어 정신 차려 보니 어느새 국어 학원은 방이동으로, 수학 학원은 대치동으로 다니고, 영어는 과외를 하고 있었다. 이 밖에도 과학 학원, 논술 학원까지 정신없는 학원 인생에 빠져 있었다.

특출하게 잘하는 과목은 없었지만, 두루두루 놓치는 과목 없이 열심히 공부했고, 학원발로 성적도 나쁘지 않은 중학생이었다. 부모님은 내가 명문 대학, 좋은 학과에 들어가 졸업한 뒤에도 공부를 계속하여 교수가 되길 바라셨다. 저녁마다 학원이 끝나면 데리러 오시고, 독서실 가는 날에는 아침 일찍 도시락을 챙겨 주실 만큼 열정적으로 뒷받침해 주셨다. 부모님의 기대에 미치기 위해서는 최선을 다할 수밖에 없었다. 하지만 성적이 오르면 뛸 듯이 기뻐하는 사람은 부모님이었고, 정작 나는 하나도 즐겁지 않았다. 또다시 나를 위한 공부가 아닌, 부모님, 선생님을 위한 공부를 하고 있었다.

여느 날처럼 학원을 가는데, 문득 남에게 칭찬받기 위해 살던 초등학생 송주영으로 돌아간 기분이 들었다. 자신을 위한 삶이 아닌 남을 위한 삶. 그것이 기쁨인 줄 알던 시절로.

나는 절대 돌아가고 싶지 않았다. 내 행복은 내가 정하고 싶었고, 내 시간을 남들 즐겁게 하는 데 쓰고 싶지 않았다. 곰곰이 생각했다. 나는 언제 가장 즐거웠을까? 쉽게 대답할 수 있을 줄 알았는데 막상 스스로 묻고 답하려니 하루로는 시간이 부족했다. 생각하고 또 생각해도 딱히 떠오르지 않자, 일단 행복하기 위한 준비부터 하기로 했다. 나는 가족 몰래 돈을 모아 숨기기 시작했다.

중학교 2학년이 끝나 갈 무렵이었다. 돈이 있어야 혼자 뭐라도 해낼 수 있을 듯한데, 돈을 모으기란 생각보다 쉽지 않았다. 대학생이었다면 아르바이트 몇 달 뛰어 모을 금액도 중학생에게는 버거웠다. 먼저 학용품이나 책 등 필요한 건 수첩에 몽땅 적어 보았다(딱히 필요하지 않은 책까지!). 그러고는 일주일에 한두 개씩 엄마, 아빠, 언니에게 "나 이거 사야 하는데. 휴……." 하며 돈을 뜯어내기 시작했다. 학교 앞 떡볶이집도 덜 가고, 만두 킬러인 내가 만둣집에 발길도 끊었다. 아무리 용을 써도 돈은 좀체 모이지 않았고, 그렇다고 아르바이트를 할 상황도 못 되었다. 학원 4개를 다니면 얼마나 바쁠지 친구들은 알 거다. 강연장에서 요즘 학생들에게 학원을 몇 개씩 다니느냐고 물어보면 평균 두세 곳은 다니는 추세다. 그래도 바쁘다고, 학원 다니기 싫다고 내게 하소연하는 친구들이 많다. 그러니 4개를 다녔던 나는 오죽했을까? 아르바이트할 생각은 꿈도 못 꾸고, 집에 굴러다니는 동전까지 모았다. 그렇게 모으고 모으다 보니 어느새 방학도 끝나 가고 있었다.

돈을 모으는 동안 매일매일 생각했다. 나는 무엇을 해야 행복할까? 답은 늘 같았다. '좋아하는 것' 하기. 생각보다 돈을 모으는 기간이 길어졌지만 밤마다 잠들기 전에 생각했다. 찾자, 찾자. 좋아하는 것을 찾자. 그러다 하루는 초등학교 때 미술을 가르쳐 주셨던 선생님과 연락이 닿았다.

초등학교 시절, 친구 따라 찾아간 미술 선생님 집에서 "네가 그려 보고 싶은 것 아무거나 그려 봐."라는 말을 듣고 4B연필을 잡은 적이 있다. 그날이 내가 그리고 싶은 그림을 처음으로 그린 날이었다. 일주일에 두 번, 선생님 댁으로 그림을 그리러 가는 길은 늘 발걸음이 빨랐고, 미술 시간은 이상하리만치 빨리 지나갔다. 즐거웠고, 곧잘 따라 그리는 내 모습이 스스로 뿌듯했다. 그러다 우연한 기회에 교내 상상화 그리기 대회에 참가했는데, 칭찬받고 싶은 마음보다는 선생님만큼 완벽하게 그려 내고 싶은 욕심이 들었다. 나는 4절지를 쌓아 놓고 선생님과 그려 봤던 작품을 똑같이 그리기 시작했다. 2장을 그리고 5장을 그리고 10장을 그려 봐도 성에 차지 않았다. 대회 전날 밤까지 100장이 넘게 똑같은 그림을 그리며 연습했다. 욕심이 빛난 걸까? 학교에서 최우수 작품으로 꼽혔고, 구 대회 1등, 서울시 대회 1등 대표가 되어 전국 대회에까지 출전했다. 에버랜드에서 각 특별시 대표로 올라온 초등학생과 치르는 미술 대회에 참여하는 영광도 얻었다! 전국 대회에 나가기까지 300장이 넘는 그림을 그려도 전혀 힘들지 않았다. 학습지 10장 푸는 건 죽을 듯이 힘들었는데, 붓만 들면 귀신처럼 얼굴이 밝아졌다. 우리 집은 이사했고, 학년이 올라가면서 나는 공부에 매진했다. 더는 그림을 그릴 수 없었고 선생님과도 연락이 끊겼다. 그렇게 그림을 그리며 느낀 즐거움도 까마득히 잊어버렸다. 그런데 선생님이 여러 학생과 엄마들에게 수소문한 끝에 내게 연락해 오셨다! 정말 오랜만에 안부를 묻던 중, 선생님이 불쑥 다음과 같은 말씀을 건네셨다.

"주영아, 넌 나에게 최고의 제자였어. 잊지 마."

이 말 한마디에, 밤마다 머리를 쥐어짜도 찾지 못했던 답을 알아냈다. 그동안 잊고 지냈던 행복이 되살아났다. 내가 돈을 모은 이유, 내가 행복할 수 있는 방법을 찾았다!

내 인생 첫 번째 설득

답을 찾은 마당에 더는 미루고 싶지 않았다. 당장 미술 학원에 다니고 싶었고, 하루빨리 행복한 시간을 찾고 싶었다. 미술 학원 이야기를 슬쩍 비치니 부모님은 난색을 보이셨다.

"학원 다녀와서 숙제하기도 바쁜데, 무슨 미술이야. 대학 가면 취미로 다 할 수 있어."

대학 가서 하는 취미 생활은 내게 중요하지 않았다. 당장 오늘도 재미없는 판에, 몇 년 뒤에야 누릴 즐거움을 왜 미리 생각해야 할까? 그날 당장 수학 학원을 빼먹고 집으로 뛰어갔다. 제법 두둑한 돈 봉투를 들고 난생처음 혼자 조그마한 동네 미술 학원으로 등록하러 갔다(큰 학원은 어쩐지 겁이 났다).

유치원생들이 그리다 만 크레파스가 여기저기 떨어져 있는 책상을 지나 원장실을 찾아갔다. 원장 선생님을 보자마자 떨리는 마음을 다잡고 개미 같은 목소리로 말했다.

"저…… 학원 다……니고 싶습니다!"

나는 자리에 앉아 자초지종을 말씀드리기로 했다.

"제가 미술 학원에 다니고 싶은데 부모님이 허락해 주지 않으셔서 이렇게 혼자 찾아왔습니다. 제가 모은 돈입니다."

다짜고짜 돈 봉투를 내미니, 원장 선생님은 당황스러워하셨다.

"제가 모은 돈인데요, 한 달만 학원에 다니고 싶습니다."

나는 이렇게 이야기하면, "어머, 대단하구나. 기특해."라는 따뜻한 대답이 돌아올 줄 알았다. 그러나 이런 것은 드라마 속 전개고, 내가 속한 현실에서는 이랬다.

"이 돈으로 학원 못 다니는데?"

두둥. 맞다. 열심히 모았지만 워낙 코 묻은 돈이라 큰돈을 이루진 못했다. 차가운 답변에 좌절하고 "네, 돈을 좀 더 모아 올게요."라고 답할 수도 있었지만 물러서고 싶지 않았다. 어떻게 찾은 행복해질 기회인데. 놓칠 수는 없었다.

"네, 적은 돈이죠. 근데 이 돈, 제가 정말 어렵게 모았어요. 안 먹고, 안 쓰며 몇 달을 모았습니다. 그리고 저는 그냥 그림을 그리고 싶은 게 아니라 제가 진짜 행복한 하루를 보내기 위해 고민하고 고민해 찾아온 거예요. 그림을 그릴 때 행복하다는 걸 깨달았거든요."

원장 선생님의 표정이 조금 누그러졌다. 그래도 현실은 아직 차가웠다.

"하지만 다른 친구들은 이 돈보다 두 배를 내고 같은 시간을 배우는데, 이렇게 다닐 수는 없는 거야."

맞는 말이었다. 다른 친구들과 똑같이 배우고 돈은 적게 내겠다니! 내가 들어도 어이가 없었다. 그러나 포기하지 않았다. 학원에 다니는 것보다 행복을 찾는 것이 목표였으니.

"네, 공평할 수 없죠. 그러면 제가 덜 다니고 덜 배우겠습니다. 전 정말 그림을 배우고 싶어요. 수학 학원, 영어 학원이 아닌 제가 좋아하는 걸 가르치는 곳에 다니고 싶어요. 다른 친구들 두 시간 배울 때 한 시간만 배우고 가겠습니다. 다른 친구들 두 번 올 때 한 번만 오겠습니다. 그래도 안 될까요?"

"기특하네. 그래, 한 달 동안 다녀 봐. 그림 그리고 싶을 때 와서 그려도 돼. 단, 다른 친구들한테 비밀."

앗싸! 내가 해냈다. 여태 부모님이 다니라는 학원, 하라는 공부만 했던 내가 혼자 힘으로 하고 싶고 배우고 싶은 걸 찾아냈다니! 내 힘으로 누군가를 설득해 내가 하고 싶은 일에 응원까지 받을 수 있다니! 세상에나. 그렇게 즐거울 수가 없었다. 마침내 안 먹고 안 쓰며 악착같이 모은 돈으로 행복을 찾았다. 선생님은 "다른 애들 같았으면 돌아갔을 텐데, 끝까지 안 가더라. 네가 찾겠다고 한 행복, 응원할게."라며 등을 두드려 주셨다. 내 힘으로 누군가의 마음을 움직인 내 인생 첫 번째 설득이었다.

나는 학원을 나와 펄쩍펄쩍 뛰고 싶었다. 하지만 집에 가까워질수록 심장이 궁쾅궁쾅 뛰기 시작했다.

'수학 학원 빠진 건 뭐라고 말하지? 혼자 미술 학원 등록한 걸 아시면 혼날 텐데. 아, 그동안 몰래 돈 모은 건 어쩌고?'

무엇부터 말해야 할지 모르겠지만 어딘가 모르게 자신은 있었다. 부모님도 설득할 수 있겠다는 자신감. 그리고 내 선택을 응원받을 수 있으리라는 자신감. 미술 학원 원장 선생님을 설득했고 응원까지 받았으니, 부모님은 더 쉬울 것 같았다.

집에 도착하자마자 내 방으로 쏜살같이 달려갔다. 생각보다 일찍 집에 왔다며, 방문을 열고 들어온 엄마에게 결론부터 뱉어 버렸다.

"저, 미술 배워요. 다음 주부터."

무슨 말이냐며 되묻는 엄마와 영문도 모른 채 끌려 나온 아빠를 거실 소파에 모시고 내 인생 두 번째 설득이 시작되었다.

"사실 몇 달 전부터 돈을 모았어. 안 먹고 안 쓰고 걸어 다니면서 모은 돈이야. 엄마 아빠, 내가 이렇게 돈을 모은 이유는 딱 하나야. 영어, 수학, 논술 말고, 즐겁게 그림을 그리고 싶어."

돌아온 대답은?

"그래서, 어쩌겠다고!"

생각보다 차가운 반응에 놀랐지만, 미술 학원에서도 그랬듯 물러서지 않았다. 내가 그림을 그리고 싶은 마음을 그만큼 더 보여 드리기 위해 한 번 더 설득에 나섰다. 겉으로는 당당히 굴었지만 속은 엄청 떨렸다.

"그래서 네가 오늘 뭘 하고 온 건데?"

엄마의 질문에 미술 학원에 가서 적은 돈으로 등록했고, 선생님께서 한 달을 다니게 해 주셨다고 말했다. 지금 다니는 수학, 영어 학원보다 백배는 더 즐거울 것 같다는 말도 덧붙였다. 부모님은 이제 난 중3이고, 고등학교도 들어가야 하며, 수능도 얼마 남지 않았는데 무슨 실없는 소리냐, 정신 차려야 한다고 매섭게 다그치셨다. 그래도 난 굴하지 않고 내가 얼마나 그림을 그리고 싶은지 말씀드렸다.

"엄마 아빠, 난 학원 네다섯 개 다니면서 한 번도 행복하다고 느낀 적 없어. 그런데 생각해 보니, 내가 학원에 다니며 공부에 투자하는 시간은 내 인생의 시간을 투자하고 있는 건데, 행복한 건 내가 아니라 엄마 아빠였어. 난 내 시간을 똑같이 쓰더라도 내가 행복한 공부를 하고 싶어."

부모님은 한참을 고민하셨다.

"그래, 그 정도로 네가 즐거운 걸 찾고 싶었어? 좋아. 그럼 배워 보자. 네가 하고 싶은 거."

결국 부모님은 다니던 학원 수를 줄이고 미술 학원에 보내 주셨다. 그때 깨달았다. 내 뜻을 반대하고 싫어하는 사람이 있더라도 내가 '하고 싶어 하는 만큼, 갖고 싶어 하는 만큼, 원하는 만큼' 보여 주며 설득하면 응원받을 수 있다는 것을. 끝나지 않을 것 같던, 얼음장 같은 시간이 사르르 녹는 기분이었다.

멘토링을 하다 보면, “부모님은 늘 제가 하는 걸 반대하세요. 싫어하세요.”라는 고민을 들고 오는 친구들을 만난다. 그러면 친구들에게 되물어 본다.

“네가 하고 싶어 하는 만큼 이야기하거나 보여 드린 적 있어?”

친구들 대다수는 “네.”라고 대답하지만, 꼬치꼬치 캐묻다 보면 몇 번 이야기하다가 문 쾅 닫고 방으로 들어가 버리는 식이었다. ‘심통 부리기’에 그치는 것이 대다수. 내가 몸소 겪은 설득의 방법 첫 번째는 ‘보여 주기’다. 얼마큼? 내가 진짜로 하고 싶어 하는 만큼.

산 넘어 산, 또다시 시작된 반대와 설득

즐거울 줄은 알았지만, 기대보다 더 즐거웠다. 좋아하면 잘하게 된다는 말처럼 그림 실력도 점점 나아졌다. 부모님은 여전히 내가 외국어 고등학교 또는 좋은 인문계 고등학교에 들어가 공부 잘하는 엘리트 코스를 밟기를 바라셨다. 그러나 내 생각은 달라도 정말 달랐다. 이렇게 그림을 그리며 즐거운데 고등학생이 되어 다시 예전처럼 재미없는 공부만 하게 될까 걱정되었다. 예고를 가고 싶었지만 지원 시기를 놓쳤을뿐더러, 한참 준비해 온 친구들과 비교도 안 되는 실력이었다. 그러던 어느 날이었다. 학교에 낯선 교복을 입은 언니들이 찾아왔다.

"안녕? 우리는 미디어 고등학교에 다니는 선배야. 반가워!"

중학교 3학년이 되니 다양한 고등학교에서 설명회를 열기 시작했다. 교실마다 선배들이 찾아와 자기네 고등학교를 홍보했다. 우리 반에는 디자인 특성화 고등학교 선배들이 찾아왔다. 고등학생 언니들은 자기네 학교에서는 영상 기술과 디자인을 가르치는데, 디자인은 예고만큼 체계적으로 배울 수 있다고 했다. 무엇보다 미디어 학교여서 컴퓨터로 그림 그리는 법을 배울 수 있다는 말에 나는 눈을 번뜩이고 내 귀를 의심했다.

'매일 그림을 그리고, 예고만큼 그림을 배운다고? 아, 저곳이 바로 내가 가야 하는 곳이구나!'

고등학교에 올라가면 그림을 그만둬야 할까 봐 노심초사했는데 구세주 같은 언니들이 내게 해답을 알려 주고 떠났다. 그날 당장 부모님께 말씀드렸다. 내가 가고 싶은 고등학교를 찾았다고, 예전에 실업계 고등학교라 불렀는데 이제는 특성화 고등학교라 부르며, 디자인을 배울 수 있는 최고의 학교를 찾았노라고! 부모님의 대답은?

"미쳤어? 고등학교 3년을? 수능은 어쩌려고! 정신 차려!"

부모님은 단단히 화가 나셨다. 그럴 만도 한 것이 내게 들인 수학, 영어, 국어 학원비가 얼마인가. 과외에 미술 학원까지 보내 주셨기에 나는 부모님의 등골 브레이커 중 탑 오브 브레이커였다. 좋은 대학에 가는 것이 부모님의 바람이었는데 느닷없이 그림 그리는 특성화 고등학교에 간다니. 대학과 더 멀어졌다 생각하셔서 청천벽력으로 들리셨을 테다. 그 뒤로 아침밥은 고사하고 저녁밥까지 내 수저는 없었고, 대화도 없었다.

그러나 이대로 포기할 수 없었다. 아무리 생각해도 고등학교에 가서 공부만 하며 학원에 시달리는 것은 부모님의 행복이고 내 행복이 아니었다. 그래서 다시 시작되었다. 나의 설득이!

내가 진짜로 하고 싶어 하는 만큼 보여 드려야 할 텐데, 예전처럼 무작정 돈을 모아 고등학교 입학금을 만드는 건 못 할 일이었다. 새로운 설득 방법이 필요했다. 어떻게 해야 할까?

'그래, 공부하자!'

내가 내린 답은 공부하는 것이었다. 여기서 오해는 금물. 설득의 두 번째 방법이 '공부'라고 하면, '아, 뭐 공부로 성적을 올려서 그걸로 협상하려는 건가? 10점 올리면 특성화 고등학교 지원하게 해 주세요, 이렇게?'라고 생각할지 모르겠다. 절대 아니다! 내가 말하는 설득에서의 '공부'는 간절히 원하는 만큼 얻고자 하는 것에 대해 공부해야 한다는 뜻이다. '말'로만 전하는 설득은 실패한다. 보여 줘야 한다. 행동으로!

먼저 생소했던 특성화 고등학교에 대해 찾아보고, 내가 가고 싶은 학교 사이트 기사 등을 밤새 찾았다. 교실 사진부터 교복 사진은 물론이고, 대학 진학률, 취업 성공률, 수업 방식까지 인터넷으로 볼 수 있는 건 다 찾아냈다. 담임 선생님께 묻고 또 물어서 정보를 얻고, 홍보하러 왔던 고등학생 언니에게 문자를 보내며 '설득을 위한 공부'에 열중했다. 그리고 매일 저녁, 내가 공부한 것에 대해 부모님께 말씀드리기 시작했다. 허구한 날 저녁마다 듣기 싫어질 만큼 이야기를 드리니, 처음에는 절대 안 된다고만 하시던 부모님이 서서히 질문을 던지셨다. "너는 무슨 과를 가고 싶은 건데?" "수업은 어떻게 진행되는데?" 등 관심을 보이기 시작하실 때쯤, 나는 덥석 엄마 손을 잡고 다니고 싶은 고등학교를 찾아갔다. 캠퍼스를 보여 드리고 교실을 함께 돌아보며 내가 미리 조사했던 학교 시설과 학교 소식을 옆에서 쉬지 않고 말씀드렸다. 무엇보다도 나의 야심 찬 계획이 있었으니, 바로 디자인 담당 선생님과의 면담이었다! 아, 이렇게 멋진 계획이라니!

학교를 나오는 길에 엄마가 물었다.

"너, 이렇게 먼데 등교는 어떻게 할 셈이야?"

끝났다! 이번에도 나의 설득은 성공이었다. 엄마의 걱정처럼 학교는 집에서 멀었다. 그래도 난 매일 아침 설레는 마음으로 등교하는 '이화 미디어 고등학교'의 학생이 되었다.

새로 찾아든 설렘

고등학교 생활은 무척 즐거웠다. 학과는 총 3개였다. 미디어비즈니스과, 영상미디어과, 미디어디자인과 가운데 나는 미디어디자인과를 전공했다. 반 정원이 25명이었고, 무엇보다 좋은 점은 시간표의 반이 미술 실습이었다. 디자인 실기는 물론 이론에 대해서도 꼼꼼히 배웠다. 사과 하나를 두고 같은 반 친구들과 함께 그림을 그리니, 마치 꿈에 그리던 미대생이 된 기분이었다. 고등학교에 다녀 보니 더없이 마음에 드는 것투성이였다.

문득 내가 누구 덕분에 이렇게 학교를 즐겁게 다니게 되었는지를 떠올려 보았다. 많은 분 가운데 내가 고등학교 진학 문제로 고민하고 있을 때 천사처럼 나타나 해답을 안겨 준 홍보 대사 언니를 빼놓을 수 없었다. 때마침 중학교를 돌며 우리 학교를 홍보할 재학생을 모집했다. 나는 손을 번쩍 들고 지원했다.

나는 대본부터 쓰기 시작했다. 우리 학교의 좋은 점, 안 좋은 점들을 쭉 적었다. 달달 외우기만 하면 중학생들이 귀 기울이지 않을지도 몰랐다. 이번에는 인형들을 책상에 앉혀 놓고 연습하기 시작했다. 어떻게 말해야 잘 들리는지, 무엇을 크게 말하고 어떤 부분을 강조해서 말해야 아이들이 집중할지, 손짓과 표정은 어찌해야 잘 전달될지 고민하고 연습했다. 그리고 실전! 나는 서울 경기권 중학교를 돌며 홍보를 다니기 시작했다. 결과는? 우리 학교에 이런 소문이 났다.

"송주영이 제일 잘하더라!"

하루는 영상 담당 선생님이 나를 부르셨다. 학교 홍보 동영상을 촬영하는데, 재학생이 아나운서 역할을 맡아 뉴스 형식으로 학교를 소개한다는 콘셉트였다. 선생님은 '홍보를 가장 열심히 잘하는 주영이'가 아나운서를 맡아 주면 좋겠다며 대본을 주셨다. 그 뒤로 나는 고등학교 3년간 대표 아나운서가 되었다. 카메라 앞에서 떨지 않는 아이로 선생님들 사이에 소문이 나더니, 중랑구에서 열리는 대축제 학생 리포터로 추천받아 활동하고 학교 콘서트 사회를 맡으며 붓보다 마이크를 잡는 시간이 많아졌다. 그리고 처음 붓을 잡고 그림을 그리던 때만큼이나 마이크를 잡고 카메라 앞에 서는 내 모습에 설레기 시작했다.

꿈, 바뀌면 큰일인가요?

방학 때면 홍대에 있는 입시 미술 학원에 다녔다. 코 밑이 연필 가루로 시커메지고, 물감으로 손이 퉁퉁 불을 정도로 쉼 없이 그림을 그렸다. 도시락을 들고 다니고 점심시간까지 아껴 가며 실기 연습에 매진했다. 그런데 하루는 마음처럼 그려지지 않았다. 지나가던 학원 선생님이 내 그림 앞에 멈춰 서고는 "옆 친구는 이만큼 그렸는데, 넌 언제까지 이렇게만 그릴래?" 하며 꾸짖기 시작하셨다. 처음에는 내가 더 열심히 그려야겠다 싶었는데, 매일같이 선생님이 친구와 비교하자 자신감이 떨어졌다. 분명 내게 행복만 주던 그림 그리는 시간이 점점 싫어졌다. 답답한 나 자신에게 화만 나는 시간으로 변해 버렸다. 자연스레 그림과 멀어지기 시작했다. 자신감을 잃었을 때, 붓을 쥐던 내 손에는 마이크가 들려 있었고, 나는 카메라 앞에서 행복해하고 있었다. 그림을 그릴 때만큼 행복했고, 아나운서라는 새로운 꿈이 생겼다. 디자인 전문 아나운서. 내 꿈은 그렇게 변화해 갔다. 다만, 즐겁고 행복한 것만 좇다 보니 늘 부모님과 선생님의 반대와 꾸짖음을 견뎌야 했다.

"넌 왜 그렇게 하고 싶은 것이 자주 바뀌니?"

어떤 선생님은 이런 질문도 하셨다. 그때 생각했다. 나는 결코 꿈을 말로만 바꾸는 아이가 아니라고. 행동으로 보여 주고 노력을 통해 '변화'하고 '진화'하는 중이라고.

멘토링 활동을 하는 중에 "전 꿈이 정말 자주 바뀌어요." 하고 고민하는 친구들을 많이 만난다. 꿈은 언제나 바뀔 수 있다. 더구나 청소년 시기에는 하루가 다르게 보고 느끼는 것이 많아지니 새로운 세상을 발견할 때마다 하고 싶은 것이 바뀔 수밖에 없다. 문제는 '말'로만 바꿀 때다. 하루에 몇 번씩 꿈이 바뀌는 친구라면 말로만 꿈을 꾸는 건 아닌지 돌아봐야 한다. 꿈은 찾아보고 공부하고 직접 경험하며 말이 아닌 행동으로 변화시켜야 나의 것이 된다.

고3이 되니 마음만은 즐거워지고 싶지만 현실은 아니었다. 고등학교 입학 전에 부모님과 한 약속도 떠올랐다.

"원하던 고등학교에 입학했으니, 대학교는 꼭 가야 한다."

약속을 지켜야 할 때가 왔다. 수능 준비로 모두가 분주할 때, 담임 선생님께서 대학교에 갈 방법이 수능만이 아니라 수시도 있고, 수시에는 더 다양한 전형이 많다는 말씀을 해 주셨다. 그 말이 생각나 주말에 대학교에 가는 방법을 찾기 시작했다. 대충 봐도 백 가지는 넘어 보였다. 학교마다 다양한 전형으로 학생을 모집했다. 내가 대학에 입학할 시기에는 이러한 전형을 '입학 사정관 전형'이라 불렀다. 입학 사정관 전형은 특별했다. 대학생이 되어 하고 싶은 것, 그 학과를 가기 위해 준비했던 공부와 활동을 소개하고 면접을 통해 합격이 결정되었다. 요즘 고등학생에게는 흔한 전형이지만, 당시에는 모집한 지 1년밖에 되지 않았고, 정보도 많이 없어 전문 채널이 생길 만큼 핫한 전형이었다.

면접! 면접을 어려워하는 친구들이 많다. 면접을 봐야 하면 지원하지 않고 지레 포기하는 친구도 있었다. 하지만 내가 보기에 면접은 '설득'이나 마찬가지였다. 내가 얼마나 이 학교와 학과에 다니고 싶은지, 지금까지 내 삶은 어떠했는지, 내가 다니고 싶은 학과와 내가 얼마나 어울리는지를 보여 주기란 내게는 어려운 일이 아니었다. 그리고 또 하나. 학과에 대해 공부하고 조사하기. 내가 터득한 설득의 2가지 방법이 유용한, 내게 자신 있고 쉬운 전형이었다.

나는 다니고 싶은 신문방송학과에 관해 조사하고 공부했다. '디자인 전문 아나운서'를 꿈꾸는 내용으로 자기소개서와 포트폴리오를 만들었고, 면접은 곧 설득이라는 마음가짐으로 준비해 나갔다. 서울에 있는 대학에 10곳 넘게 지원한 결과, 건국대학교 미디어커뮤니케이션학과 10학번으로 입학했다. 단 한 명만 뽑는다는 '자기 추천 전형'에서 높은 경쟁률을 뚫고, 가장 설득을 잘하는 아이로 인정받은 것이다. 내가 밟아 온 '설득 인생'이 드디어 빛을 본 셈이다.

내 삶에서 변하지 않는 한 가지

삶을 온전히 내 것으로 만든 설득의 기술! 나는 이 비법을 10대 때의 나와 똑같은 고민을 하고 있을 친구들과 공유하고 싶었다. 이런 마음은 대학 생활 내내 '청소년 캠프 멘토' 활동으로 나를 이끌었다. 고등학생 때 중학교를 돌며 학교를 홍보했듯, 여전히 나보다 어린 친구들에게 내 이야기를 들려주고 대화를 나누며 서로 미처 알지 못했던 지혜를 나누는 시간이 가장 즐겁다. 좋은 건 죽어도 혼자만 감춰 두는 성격이 못 되는, 이 오지랖 넓은 성격을 어쩌랴. 이 오지랖으로 고등학생뿐만 아니라 대학생들에게도 멘토가 되어, 무대 울렁증, 발표 울렁증을 해결할 노하우까지 함께 나누는 일도 하고 있다.

지금도 나의 꿈은 변화하고 있다. '말 잘하는 아나운서'에서 '조언해 주는 언니, 누나'로. 그러나 내 삶에서 변하지 않는 것이 하나 있다. 오늘도 내가 행복하면 그만이고, 이 행복을 위해 주위 사람들의 반대에도 아랑곳하지 않고, 응원받기 위해 설득하며 살아가기! 설득의 방법 또한 변함없이 똑같다. 말로만 이야기하지 않고 행동으로 보여 주기!

설득이라는 키워드로 책을 검색하면 7천 권이 넘게 나온다. 설득은 글로 배울 수 없다. '진짜 설득'은 기술이 아니다. 보여 주면 된다. 얼마큼? 진짜로 하고 싶어 하는 만큼.

손 번쩍!

질문 있어요!

Q 전 게임을 하는 게 좋은데 부모님이 무지막지하게 싫어하셔서 설득할 엄두가 안 나요.

A 게임! 많은 친구들이 게임 때문에 부모님과 싸우고 있죠. 몇 시까지만 하기로 한 약속을 어기거나, 부모님 몰래 게임을 하다가 혼나는 경우가 대부분일 거예요. 혹시 "게임을 하고 싶다고! 엉엉!" 또는 "게임을 하게 해 달라니깐!" 이렇게 울거나 화를 내며 투정 부리고 있지는 않나요? 설득! 자신이 하고 싶어 하는 만큼 보여 주는 것이 정답이라고 했죠?

자, 이제 펜과 종이를 꺼내세요. '게임 시간표'를 짜는 거예요. 3시간 공부한 뒤에 30분씩 게임을 하기로 정하고, 게임 시간표를 부모님께 보여 드리세요.

"제가 게임 시간표를 일주일 동안 잘 지키면 10분만 늘려 주세요."

게임 시간표대로 열심히 공부하며 게임 시간을 잘 지키는 모습을 보여 드리면, 일주일 뒤에는 10분이지만, 한 달 뒤에는 30분이나 더 할 수 있겠죠?

Q 부모님을 아무리 설득해도 꿈쩍도 안 하시면 어떡하지요?

A 친구들이 이런 질문을 할 때면 전 부모님께 감사하다고 느껴요. 학창 시절 동안 저의 설득에 늘 반응해 주셨거든요. 그것이 반대든, 허락이든. 많이 친구들에게 메일이 와요. 아무 반응도 대답도 해 주지 않으시는 부모님 때문에 지치고, 설득의 의미도 잃게 되었다고요. 제 이야기를 조금 해 볼까요? 몇 번을 설득해도 부모님이 꿈쩍도 안 하신 일이 몇 가지 있어요. 그중 '혼자 배낭 메고 유럽 여행하기'가 으뜸이랍니다. 제가 부모님의 곁을 떠나려는 상황에는 아무 반응도 안 하시죠. 그렇다고 전 설득을 포기하고 단념했을까요? 그럴 리가요. 다만 잠시 설득을 쉬기로 했어요. 그리고 부모님께도 생각할 시간을 드린다 했죠. 다만 그 시간 동안 부모님의 곁을 떠나는 연습을 하겠다고 했어요. 혼자 유럽 여행이 어렵다면 그보다 가까운 제주도 여행을 떠나 '이것 보세요, 혼자서도 잘해요!'를 보여 드리고 있고요. 얼마 전엔 친구와 단둘이 일본 여행을 다녀오며 '부모님만큼 훌쩍 큰 저를 보세요! 잘하고 있죠?'란 문자를 보냈답니다.

친구가 하고 싶은 것이 있지만 부모님이 꿈쩍도 안 하신다면 부모님에게도 생각할 시간을 드리세요. 그리고 친구는 얼마큼 원하고 있는지, 잘할 수 있는지 보여 드리고요. 그런 뒤에 이야기를 나눠 본다면 조금은 진전이 있지 않을까요? 힘내세요!

Q 부모님의 반대를 무릅쓰고 설득하려면 그만큼 자기가 가려는 길이 옳다는 확신이 있어야 할 것 같아요. 전 줏대가 없는 편인데, 저도 자기 확신을 키울 수 있을까요?

A 확신이 없다는 건 좋아하지 않는다는 거예요. 좋아하는 것 같다는 '착각' 중이라 단언할게요! 확신 없는 결정으로는 절대로 누구도 설득할 수 없어요. 무엇보다 자신이 무엇을 좋아하고 있는지, 무엇을 하고 싶은지 정확히 아는 것부터 시작해야 하지 않을까요? 전 늘 '내가 지금 이 길을 가지 않는다면?'이란 상상을 많이 했어요. '내가 그림을 포기하고 인문계 고등학교를 갔다면? 매일 재미없는 학원에서 밤까지 전쟁처럼 시험만 봤다면?' 이런 상상을 하고 나면 '아후, 정말 내가 그림을 그리지 못한다면 큰일 나겠다. 꼭 부모님 설득에 성공해야겠다!'는 확신이 절로 들었지요.

친구도 '내가 이 길을 가지 않는다면?' 하고 상상해 보세요. 상상의 끝이 그리 힘들지 않거나 끔찍하지 않다면 그다지 좋아하지 않는 거예요. 정말 이 길이 아니면 안 되겠다는 생각이 드는 그 길을 가세요. 단지 내가 줏대가 없어서가 아니랍니다. 줏대가 없어서가 아니라 흔들린다는 건 진심으로 좋아하지 않는다는 거예요.

우리는 이것이 궁금하다

'너랑'이 뽑은 10대들의 단골 질문

- 남들이 제 꿈을 무시해요.
- 워낙 뛰어난 친구들이 많아서, 저는 잘하는 게 하나도 없는 것 같아요.
- 부모님이 사사건건 간섭하세요.
- 제가 좋아하는 일이 잘하는 일이기도 한지 확신이 안 들어요.
- 미래에 대해 아무것도 정해진 것이 없어서 불안해요!
- 제 진로와 진학 문제를 제가 아니라 부모님이 정하시는 것 같아요.
- 저는 운동이든 공부든 정말 열심히 하는데, 왜 남들보다 잘하지 못할까요?
- 보통 여러 경험을 하면서 깨달음을 얻잖아요! 그런데 저는 아무리 생각해도 그런 경험이 없어요. 경험 자체도 평범하고요. 센 경험을 억지로라도 만들어야 좋은 걸까요?
- 저는 아직 꿈을 정하지 못했는데, 부모님은 공무원 같은 안정적인 직업을 가지길 바라세요. 제 꿈을 찾기에는 늦은 것 같고. 어떻게 해야 할까요?
- 친한 친구와 저 자신을 자꾸 비교해요. 친구가 질투 나요.

Q 남들이 제 꿈을 무시해요.

내 꿈을 무시한다고 좌절할 필요는 없어요. 다른 사람을 위해 꿈꾸는 건 아니니까요. 그러나 응원받지 못하는 꿈은 어쩐지 보잘것없어 보이고, 금방 놓아 버리기 일쑤죠. 혹시 친구들에게 자신의 꿈에 대해 자신 있게 말해 본 적 있나요? 친구한테 꿈이 뭐냐고 질문을 받았을 때 우물쭈물 더듬지 않고 대답할 수 있나요? 어쩌면 자신조차 자기의 꿈을 부끄러워하고 당당하게 말하는 모습을 보여 주지 못한 건 아닌지 생각해 보면 좋겠어요.

스스로도 믿지 못하고 부끄러워하는 꿈은 다른 사람 눈에도 매력 없게 보이죠. 저 또한 새로운 꿈이 생길 때마다 사람들한테 응원받기가 가장 어려웠답니다. 그때마다 터득한 설득의 방법은 열심히 공부하는 거였어요. 내가 하고 싶은 일에 관해 내가 가장 많이 알고 있으면, 자신 있게 대답할 수 있고 자신 있게 소개할 수 있죠.

말이 씨가 된다는 말도 있잖아요? "나는 ○○가 되겠어!"라고 주위 사람들에게 당당히 말하고 다녀 보세요. 그 꿈이 떠오를 때마다 그 말을 한 친구도 덩달아 떠오를 거예요. 그러다 보면 그 꿈과 관련된 기회들이 자연스럽게 찾아올 거예요.

Q 워낙 뛰어난 친구들이 많아서, 저는 잘하는 게 하나도 없는 것 같아요

친구가 뛰어난 것 같나요? 그럼 그 친구와 친해지세요! 왜냐고요?

첫째, 뛰어난 친구와 친해지고 생활 패턴을 인지하면 친구가 왜 수학을 잘하는지, 왜 운동을 잘하는지, 이유를 알게 돼요.

둘째, 환상이 깨집니다. 우리는 잘 모르는 사람이 어떤 활약을 하면 더 대단하게 느껴요. 마치 우리 집 앞 맛집보다 모르는 동네에 있는 맛집을 가야 진정한 맛집에 온 듯한 기분이랄까요? 우리가 잘 모르는 상대가 뛰어나다는 소식을 다른 사람을 통해 들으면 왠지 더 대단하게 여겨져요. 하지만 상대와 친해지면 상대도 역시 빈틈이 많고 한 명의 인간에 불과하다는 생각이 들지요. 이러한 생각의 전환은 내가 가진 정보만 놓고 상대와 비교했을 때 드는 자격지심을 완화해 줘요.

셋째, 뛰어난 친구와 닮아 갈 수 있어요. 사람은 관계의 동물이에요. 누구나 주변 사람의 생각과 행동에 영향받을 수밖에 없죠. 무언가에 두각을 나타내는 친구들에게는 확실히 배울 점이 있어요. 그 점을 그대로 따라 하라는 게 아니라, 그들이 뛰어난 분야에 임하는 자세와 행동을 습득하라는 뜻이에요. 뛰어난 친구와 친해지다 보면 어느새 변화하는 자신을 마주하게 될 거예요. 뛰어난 상대를 비교 대상으로 삼지 말고 나의 조력자로 만드세요!

Q 부모님이 사사건건 간섭하세요.

'간섭'이 보내는 진짜 신호는 바로 "너랑 대화하고 싶어." 인 것 같아요. 스트레스를 받을 정도로 부모님 간섭이 심한가요? 그렇다면 '대화가 필요한 때'라고 생각해 봅시다. 어릴 적 저 또한 부모님이 이것저것 물으실 때면 '왜 나를 이렇게 어리게 보시지?' '왜 이렇게 나를 못 믿으시지?' 하고 생각하며 열등감에 빠졌어요. 하지만 부모님과 진솔하게 이야기를 나누어 보니 부모님은 오히려 저에게 많이 기대하셨고, 걱정 어린 마음으로 질문한 것임을 이해했지요. 부모님이 나를 믿지 못해서 혹은 어리게 보기 때문에 무시해서 간섭한 게 아님을 알아줬으면 합니다.

이번에는 반대로 여러분에게 물어보고 싶어요. 부모님이 간섭을 많이 해서 스트레스받는다고요? 그렇다면 부모님과 평소 대화를 자주 나누고 있나요? 간섭받는다고 느낀 시점부터 어쩌면 여러분도 부모님과 대화하는 시간을 부담스러워하거나 피했는지도 몰라요. 사실 부모님은 여러분과 대화하고 싶은데 어떤 이야기를 해야 할지 모르세요. 그래서 대화를 시도한다는 게 잔소리처럼 되어 버려서 결국 간섭하는 꼴로 비치게 되지요. 간섭받기 전에 먼저 부모님께 다가가 대화를 나눠 보세요. 그러면 부모님으로부터 '간섭'이 아닌 '소통'이 돌아올 거예요.

부모님의 간섭을 막을 방법이 또 하나 있어요. 작은 것부터 스스로 계획하고 꾸준히 실천해 나가는 모습을 보여 드리는 거예요. '어른'이 되어 가는 모습을 보여 드리세요. '어른'이라는 말은 자신이 한 말에 책임질 능력을 갖췄다는 뜻이거든요. 스스로 세운 계획을 하나둘 이루며 자신과의 약속을 지켜나간다면 부모님께서도 대견해하실 거예요.

그런데 솔직히 말하면, 간섭이 아예 없어지진 않을 거예요. 아까 말했죠? '간섭'은 "너랑 대화하고 싶어."라는 신호라고요. 어른스럽다는 건 부모님과 대화를 끊고 혼자 알아서 하는 사람을 뜻하지 않아요. 나만의 목표를 세우고 약속을 지켜나가면서 가족끼리 고민과 행복을 대화로 함께 나누길 바랍니다!

Q 제가 좋아하는 일이 잘하는 일이기도 한지 확신이 안 들어요.

모든 일이 처음에는 서툴고 어렵기 마련이에요. 지금 당장 잘하는가는 중요하지 않아요. 진정으로 좋아하는가, 얼마나 좋아하는가가 훨씬 중요해요. 여기서 '좋아한다'는 말은, 그것을 위해 끈기 있게 노력할 준비가 되어 있다는 말과 같아요. 누가 "너는 재능이 없어."라고 무시한대도 말이에요!

우리가 어릴 적에 좋아하던 인형 놀이를 생각해 봐요. 변신 로봇 장난감을 손에서 놓지 않던 일도요. 누가 시키지 않았는데도 우리는 며칠이고 인형과 변신 로봇을 가지고 놀았지요. 이처럼 '좋아한다'는 것은 자발적이고 능동적으로 할 수 있어야 해요. 한평생에 걸쳐 끈기 있게 노력할 수 있을 만큼 좋아하는 마음은 '재능'을 얼마든지 능가할 수 있어요.

더불어 '내가 하는 이 일은 누구나 할 수 있고, 나만큼 할 수 있는 사람도 많아. 내가 경쟁력을 가질 수 있을까?' 하고 고민하는 친구에게 하고 싶은 얘기가 있어요. 물론 그럴 수 있어요. 좋아하고, 평생토록 하고 싶은 일이 누구나 고만고만하게 재능을 보이는 일일 수 있어요. 하지만 생각해 보세요. 누구나 할 수 있다고 해서 누구나 실행에 옮기지는 않아요. 평생토록 지속하는 사람은 더더욱 찾아보기 힘들답니다!

누구나 덤빌 수 있는 일이라도 괜찮아요. 좋아하는 것을 하세요! 그것을 얼마나 잘하느냐 묻기 전에, 내가 얼마나 좋아하는지를 먼저 물어보세요.

Q 미래에 대해 아무것도 정해진 것이 없어서 불안해요!

저도 미래가 뚜렷하지 않아 엄청 불안해했던 적이 있어요. 마침 그때 책에서 인상 깊은 구절을 만났어요. "사람은 다른 사람과 나를 비교할 때 불안해진다." 나는 아직도 아무런 목표를 정하지 못했는데, 가까운 형제자매나 친구가 뭔가를 열심히 하면서 행복해하면 불안하고 초조해지기 마련이에요. 그럴 때일수록 자신에게 집중하세요. 모두가 같은 위치에서 출발할 수는 없어요. 아무것도 정해지지 않았다는 이야기는 곧 정해질 미래가 무궁무진하게 많다는 뜻이기도 하답니다!

당장 내일 무엇을 해야 할지 모르겠다면 오늘부터 할 일을 만들어 가면 어떨까요? 괜히 주변 사람을 곁눈질하지 말고, 남과 나를 비교하지 말고, 불안한 생각에서 벗어나 무한한 가능성의 세계로 뛰어들어 보세요! 내 불안은 이 세상의 먼지만큼 작다는 걸 깨달을 거예요.

Q 제 진로와 진학 문제를 제가 아니라 부모님이 정하시는 것 같아요.

여러분과 가장 친하고 소중한 존재이면서 가장 많이 부딪치는 분이 바로 부모님이죠. 여러분들은 부모님께서 진학과 진로를 결정하려 한다고 느낄 경우가 많지요? 그런데 강연을 하다 보면, 반대로 부모님들께서 여러분이 진학과 진로에 대해서 구체적인 계획이 없다고 불안해하시는 경우도 많더라고요.

여러분들이 진학과 진로를 정할 때가 왔다는 건 부모님으로부터 독립할 시기가 다가오고 있다는 뜻이기도 해요. 여기서 '독립'이란 '나만의 정체성을 갖는 것'과 아울러 '경제적인 자립'까지도 의미해요. 부모님은 여러분에게 사랑과 관심을 쏟으실 뿐만 아니라, 경제적으로 '뒷받침'해 주고 계시죠. 혹시 여러분은 부모님의 관심에서 벗어나는 것만이 독립이라 생각하면서 부모님의 경제적 뒷받침을 당연한 것으로 받아들이고 있지 않나요?

부모님과 한집에 살면서 함께 밥을 먹는 걸 당연하게 생각할 수 있겠지만, 어른이 되면 스스로 생활비를 벌어야 해요. 만약에 자신의 꿈을 이루려고 하면서 의식주까지 해결해야 한다면 오랜 시간 고생해야 할 거예요. 부모님은 여러분이 꿈을 이루는 데에 노력을 집중할 수 있도록 물질적인 뒷받침을 해 주고 계세요.

부모님들은 더 큰 집으로 이사 가고 싶을 때, 자동차를 바꾸고 싶을 때 '그러고 싶다.'라는 생각과 더불어 경제적으로 구체적인 계획까지 세우세요. 혹시 여러분도 무언가를 하고 싶다, 무언가를 가지고 싶다는 생각이 들 때, 경제적인 계획까지 포함해서 이야기 드려본 적 있나요? 이를테면 "저는 동양화과에 관심이 생겨서 인터넷으로 공부하고 학원에 찾아가서 상담도 받아 봤어요. 사실 수학보다는 미술을 할 때 더 재미있었거든요. 그런데 미술 학원비가 수학 학원비보다 조금 더 비싸고 재료비도 들더라고요. 용돈을 아껴서 미술용품을 사고, 아르바이트해서 학원비를 보태더라도 꼭 해 보고 싶어요."라고 말씀드려 보세요. 부모님께서도 여러분이 진지하게 진로에 대해 고민하고 있다고 생각하실 거예요.

여러분이 정말 하고 싶은 것이 있다면 학습 계획뿐만 아니라 경제적인 계획까지도 차곡차곡 정리해서 진심을 보여 주세요. 그러면 부모님도 앞으로의 계획을 머릿속으로 구체적으로 떠올려 보실 거예요. 또 여러분이 꿈을 이뤄 갈 수 있도록 방법을 같이 고민해 주실 테고요. 부모님과 여러분의 의견이 충돌하기도 하겠지만, 부모님은 언제나 누구보다 여러분이 잘되길 바라는, 세상에서 가장 가깝고 든든한 '나의 편'이라는 걸 잊지 마세요.

Q 저는 운동이든 공부든 정말 열심히 하는데, 왜 남들보다 잘하지 못할까요?

슬렁슬렁하는 듯해도 뛰어난 결과물을 내놓는 친구들이 꼭 있더라고요. 정작 자신은 무지 잘하고 싶어서 온갖 정성과 노력을 쏟아부어도 결과물이 그 친구보다 못하고 말이에요. 저도 그것 때문에 속상한 적 많았어요. 자신이 한없이 초라해 보였죠. 하지만 지금 당장 좋은 결과물을 내지 못한다고 해서 좌절하지 않으면 좋겠어요. 제 경험상 별 노력 없이 얻은 결과물은 아무리 좋아도 쉽게 곁을 떠나게 마련이더라고요. 사실 한번에 좋은 결과물을 얻으면 고민할 거리가 많이 없어요. 다음에도 그동안 했던 만큼만 노력하면 되니까요. 하지만 문제에 부딪히고 고민하다 보면 자기도 모르는 자신을 만날 수도 있거든요. 길게 보면, 지금 난관을 이겨내 가는 과정이 더 성장한 여러분을 만날 수 있는 기회랍니다. 눈앞의 결과물에만 집착하며 친구와 비교하지 마세요. 가장 중요한 점은 지금 내놓은 결과물이 더 좋아지도록 노력하는 거예요. 노력하는 자신을 꾸준히 관찰하고, 진정한 자신을 알아 가세요.

Q 보통 여러 경험을 하면서 깨달음을 얻잖아요! 그런데 저는 아무리 생각해도 그런 경험이 없어요. 경험 자체도 평범하고요. 센 경험을 억지로라도 만들어야 좋은 걸까요?

와, 좋은 질문이에요! 이런 고민을 하는 친구가 참 많습니다. 저도 마찬가지였어요. 예전에 유명한 분들의 강연을 들을 때마다 이런 생각을 했죠. "와, 대단하다!" 이어서 또 드는 생각. "그런데 나는…… 평범한데?" 그러자 언제부터인가 무수히 쏟아져 나오는 멘토링이 더는 와 닿지 않더라고요. 강연을 들을 때는 대단하다는 생각은 들지만 그들의 경험은 그들의 것일 뿐 '나'의 경험이 아니었기 때문이죠. 괴리감이 느껴졌어요. 그래서 저를 돌아봤어요. '내 경험은 과연 그들에 비해 못한 것일까?' 하고 말이죠.

자, 이제 해법을 말씀드릴게요. 첫째, '나는 평범하다.'는 생각을 버리세요. 자신이 평범하다는 생각이 지금까지 쌓아 온 경험을 지나치게 평범하게 만들거든요. 둘째, 글로 써 보세요. 어릴 때부터 지금까지 겪은 경험을. 자세할수록 좋아요. 글로 쓰는 것과 생각만 하는 것의 차이는 직접 글로 써 보면 느낄 수 있어요. 마지막 셋째, 자신이 적은 경험 가운데 의미 있는 것들을 끄집어내세요. 이를테면,

학창 시절에 임원을 한 경험이 유별나진 않죠. 하지만 임원직을 맡으면서 겪은 경험이 있을 거예요. 그런 경험은 자신만의 유별난, 특수한 것이에요. 결과적으로 뭉툭하게 생각하지 말고, 디테일 속에서 뾰족함을 찾으세요. 우리는 모두 평범하지 않아요.

Q 저는 아직 꿈을 정하지 못했는데, 부모님은 공무원 같은 안정적인 직업을 가지길 바라세요. 제 꿈을 찾기에는 늦은 것 같고. 어떻게 해야 할까요?

부모님이 안정적인 직업을 권하시는 이유는, 여러분이 조금이라도 편하길 바라시는 마음 때문이에요. 사회는 치열한 경쟁의 연속이에요. 학교에서 시험을 치르며 경쟁 아닌 경쟁을 하고 있다고 생각하죠? 우리가 곧 만날 사회에서는 더 큰 경쟁이 기다리고 있어요. 자신의 자리(직업)를 위해 항상 성장해야 하는 곳이지요. 조금 더 무섭고, 더 잦은 경쟁이 있는 그곳에서 '안정감'이라는 요소는 중요해요.

하지만 안정감만이 경쟁을 버틸 힘을 주진 않아요. '성취감'도 또 다른 힘이 될 수 있죠. 자신이 하고 싶은 일을 하나씩 이뤄 나갈 때, 그때 느끼는 성취감이 경쟁을 이어 가게 하는 원동력이 될 수 있어요. 십 년 뒤를 내다보고 장래 희망을 정하려 하기보다는, '이번 달에는, 연말에는, 내년에는 ○○을 해야지. 그러면 ○○이 될 수 있을 거야.'라고 생각해 보면 어떨까요? 목표를 이뤄 가는 성취감을 얻을 수 있고, 장래 희망에 점차 가까워지는 느낌도 받을 거예요. 인생이라는 마라톤에서 성취감은 중요해요. 마라톤에도 중간에 급수대가 있듯이, 우리에게도 중간에 어디만큼 달려왔는지 확인하고 잠시 목을 축이며 자신에게 포상하는 시간이 필요해요. 안정감 또는 성취감. 인생에서 무엇을 택하든 자유지만, 둘 다 틀린 선택이 아니라는 점을 명심했으면 해요. 같은 출발선에서 시작해 각자 다른 길로 뛰어가 다른 곳에 도착할 뿐이라고요.

또 꿈을 찾기에 늦은 것 같다고요? 꿈을 아직 찾지 못해 두렵지요? 꿈은 밀린 숙제가 아니에요. '언제까지' 찾아야 한다는 기한은 없지요. 다만 꿈을 찾아야겠다는 의지만은 간직하세요. 꿈은 나를 살아가게 하는 원동력인데, 이 선택을 부모님께 떠넘겨 버린 뒤 후회해 봤자 누구도 책임질 수 없어요. 자신이 선택해야만 그 책임감의 무게 탓에 더욱 노력하게 되지요.

자신의 경험을 돌이켜 보며 곰곰이 생각해 보면 어떨까요? 자신이 가장 행복했던 경험이 무엇에서 비롯되었는지를 따져 보고 꿈을 정한 뒤에 직업을 정해도 늦지 않아요.

Q 친한 친구와 저 자신을 자꾸 비교해요. 친구가 질투나요.

저도 10대 때 유독 친구 관계에서 스트레스받은 적이 많았어요. 나보다 예쁜 친구, 공부 잘하는 친구, 사교성 좋은 친구……. 이런 친구는 어디에나 있잖아요? 더군다나 같은 반 친구라면 한 교실에서 생활하다 보니 자연스레 나와 비교하게 되지요. 하지만 한 번 비교하기 시작하면 끝도 없어요. 나보다 잘나 보이는 친구 앞에서는 위축되고, 나보다 못나 보이는 친구를 위안으로 삼고. 이렇게 나의 행복이 다른 누군가로 인해 결정된다면 불행한 일 아니겠어요?

힘들어도 친구와 나를 별개로 생각하는 연습을 꾸준히 하세요. 아직 깨닫지 못한 내 장점이 분명 있을 거예요. 내 장점은 친구가 가진 장점과는 분명 다르고요. 모든 사람이 똑같은 장점을 가지고 살 수는 없어요. 그렇다면 세상이 얼마나 재미없겠어요? 자기만의 장점들을 찾아가며 자존감을 높여야 해요. 내가 친구보다 부족해 보이고 친구의 장점이 두드러져 보일 수 있겠지만, 또 다른 곳에서 나만의 장점이 빛을 발할 순간이 분명히 찾아올 거예요.

이와 반대로, 자신의 부족한 점을 솔직히 바라보려는 자세도 중요해요. 자존감이 높은 사람이란 장점이 많아서 뭐든 자신감 넘치는 사람만을 뜻하지 않아요. 잘하지 못하는 순간에도 '그래도 나는 괜찮은 사람이야.'라고 여기는 걸 뜻하지요. 단점이 있어도 괜찮아요. 내 단점을 인정하고, 오히려 친구들 앞에서 솔직히 이야기하세요. "나는 '이런 부분'이 부족해. 그러니까 '이렇게' 노력해 볼 거야."라고요. 그러고는 작은 목표를 세우고 자신을 좀 더 나은 방향으로 만들어 가도록 노력하면 돼요. 노력하고 있다는 사실, 그 자체만으로 큰 위안이 되고 자신감을 얻을 수 있어요.

그리고 학생 때는 친구 사이에서 조그마한 차이도 엄청 크게 느껴지기도 해요. 어른이 되어 돌이켜 보면, '그런 차이는 별거 아니었네. 내가 스트레스받을 필요도 없었구나.' 하는 생각을 할 때가 있어요. 그러니 지금 당장 내 옆에 있는 친구가 굉장히 뛰어난 듯이 보인다고 위축될 필요는 전혀 없어요.

마지막으로, 여러분은 소중한 사람들이에요. 공부를 못하더라도, 사교성이 없더라도, 유머 감각이 없더라도, 반장처럼 앞에 나서지 못하더라도, 여러분 모두 소중한 사람들이에요. '나는 조용한 사람이라 누구도 내게 주목하지 않을 거야.'라고 생각해도, 여러분도 모르는 사이에 누군가에게 한 번은 힘이 되었을 거예요. 여러분들의 삶은 다른 누군가의 잣대와는 상관없이 가치 있는 삶이에요. 그러니 누군가와 비교하며 자신을 힘들게 하지 않기를 바랍니다.

| 닫는 글 |

'너랑'을 만난 뒤 10대 친구들은 어떻게 되었을까?

마치 브레멘 음악대처럼 여러 멘토가 모인 '너랑'을 만난 뒤 10대 친구들은 행복해졌을까요? 그리 길지 않은 기간이지만 청소년을 만날 수 있는 곳이라면 어디든 열정을 다해 찾아갔던 우리였기에 우리부터 가장 궁금한 지점이었어요.

강연을 마치면 '너랑'은 늘 누군가로부터 연락을 받았습니다. "멘토님, 정말 재미있었어요." 정도의 간단한 인사부터, 구구절절 긴긴 고민 상담으로 이어지기도 했어요. '너랑'의 강연을 듣고 어렴풋했던 꿈을 구체화할 수 있었다는 한 친구의 편지를 받고 얼마나 기뻤는지 모릅니다. 편지에 아예 장기적인 꿈, 단기적인 목표를 나누어 자신의 계획을 빼곡히 쓴 것을 보고, 이 친구와의 만남은 '너랑'에게도 큰 행운이었다는 생각이 들었어요.

'너랑'과 인연을 맺은 뒤로 꾸준히 연락이 오가는 친구들도 있어요. 작년 이맘때쯤 만난 한 친구는 강연이 끝난 뒤에 멘토들을 만나기 위해 강연장 문 앞에서 하염없이 기다리고 있었어요. 음악을 하고 싶어 하는 친구였는데, 부모님이 반대하셔서 방황하는 중이었지요. 우리 멘토들은 이런저런 조언을 아낌없이 해 주었지요. '너랑'과 오랫동안 이야기를 나누고 간 친구는 끝까지 포기하지 않고 부모님과 소통해 갔어요. 자기주장만 내세우지도 않고, 부모님의 뜻에 끌려가지도 않고, 서로의 이야기에 귀를 기울이며 마음을 맞춰 갔지요. 그래서 지금은 부모님의 응원을 받으며 자신의 꿈을 펼치고 있습니다.

10대 친구들과 만날수록, 10대와 눈을 맞추며, 10대 가까이에서 고민을 함께 나누는 일이 더욱 필요함을 새삼 깨달았습니다. '너랑'의 움직임 하나하나가 10대들이 행복한 삶을 꾸려 가는 데 보탬이 되기를 진심으로 바랍니다. 강연에서 만난 친구들과의 인연이 꼬물꼬물 자라나고 있듯이, 이 책을 통해 만난 친구들과도 또 다른 행복한 움직임을 만들어 가리라 믿습니다.

10대와 함께 꿈꾸는

'너랑'